KB183663

어휘력과 한자력을 동시에 키우는

365일 고사성어 필사노트

기획집단 MOIM

출판의 새로운 모색과 독자들과의 즐거운 소통을 위해 출판 기획자와 문文·사史·철哲 대중교양서 저술가, 번역가 등의 전문가들이 모인 기획집단입니다. MOIM은 우리말로 '교양을 갖춘 모든 사람을 모이게 한다', 영어로는 'Mozart's Imagination'의 줄임말로, 상상과 창의가 가득한 책을 내고자 하는 바람을 담고 있습니다. 그동안 펴낸 책으로《사기열전 1, 2》《고사성어랑 일촌 맺기》《한자의 신》《핵무기의 모든 것》《지정학의 모든 것》《장벽의 모든 것》 등이 있습니다.

어휘력과 한자력을 동시에 키우는

365일 고사성어 필사노트

초판 1쇄 발행 2024년 12월 1일

지은이 | 기획집단 MOIM

펴낸곳 | (주)태학사
등록 | 제406-2020-000008호
주소 | 경기도 파주시 광인사길 217
전화 | 031-955-7580
전송 | 031-955-0910
전자우편 | thspub@daum.net
홈페이지 | www.thaehaksa.com

편집 | 조윤형 여미숙 김태훈
마케팅 | 김일신
경영지원 | 김영지

값 19,500원
ISBN 979-11-6810-317-7 03710

디자인 | 캠프

어휘력과 한자력을 동시에 키우는

365일 고사성어 필사노트

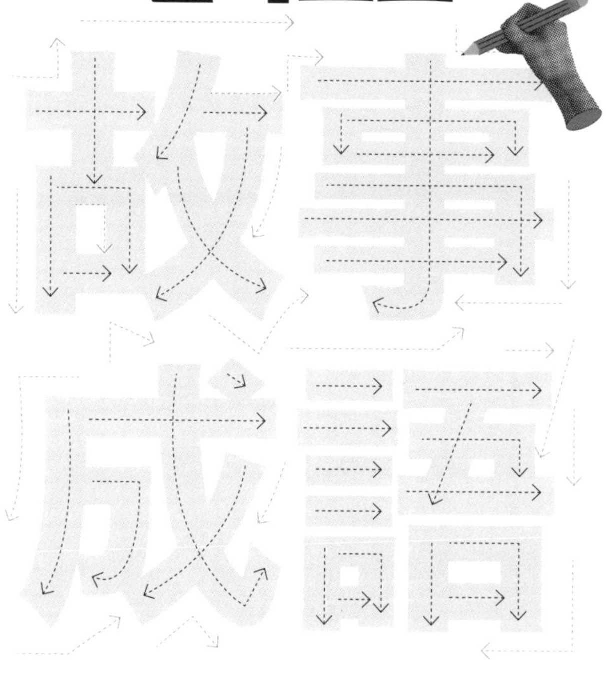

태학사

머리말

고사성어는 우리 삶 속에 없어서는 안 되는 소중한 문화유산일 뿐 아니라 언어생활에도 필수적입니다.
그뿐이 아닙니다. 아무리 한자 표현을 멀리하는 시대라 해도 고사성어만은 우리 생활 속에서 하루에도 여러 번 쓰는 한자어이기도 합니다. 대화할 때는 물론 독서할 때 고사성어를 모르면 상대방의 이야기나 책 내용을 이해하는 데 어려움을 겪기 쉽습니다.
공무원 시험은 물론 수학능력시험, 나아가 각종 기업의 입사시험 등에 고사성어가 빠지지 않고 등장하는 까닭이 거기에 있습니다. 그러니 아무리 한자를 모른다고 해도 필수 고사성어 수백 개는 알아야 하는 것이 현실입니다.

그렇다면 한자는 어떨까요?
기초한자를 익힌다면 우리의 언어생활, 나아가 사회생활에 무척 유용할 것은 누구나 알고 있습니다. 교육부에서 선정한 필수한자(약 2,000자)를 다 배운다면 학문의 길을 갈 때뿐 아니라 사회생활을 해 나가는 데도 유익할 것이고요. 하지만 모든 시민이 이 정도 한자를 아는 시대는 이미 지나간 게 현실입니다.

그렇다고 기초한자를 하나도 모르면 그 또한 생활에 많은 어려움을 겪게 됩니다. 아무리 한글전용을 하더라도 한자를 모르면 혼란을 가져오는 단어가 우리말에는 수도 없이 많기 때문입니다. 그래서 신문이나 공문서 등에서도 한자를 심심치 않게 찾아볼 수 있습니다.

교양서, 학술서 나아가 우리 생활에 필수적인 법전을 읽을 때는 말할 필요도 없습니다.
그래서 이 책에서는 우리 생활에서 자주 사용하고 반드시 알아야 할 고사성어 900개, 그리고 꼭 알아 두면 좋을 한자 600글자를 매일 익힐 수 있도록 배치하였습니다.
숫자만 보면 무척 많아 보이는 것이 사실입니다. 하지만 고사성어는 서로 연관되는 표현들을 모아 놓았기 때문에 차근차근 읽다 보면 어느새 고사성어 전문가가 되어 있는 자신을 깨닫게 될 것입니다.
한자 역시 마찬가지입니다. 하루에 한 글자만 따라 써 보면, 열흘, 한 달 지나면서 멋진 한자를 필사하고 있는 자신을 발견하게 될 것입니다.
특히 한자는 무척 복잡해 보여도, 구성하고 있는 요소들이 비슷해서 몇 글자 쓰다 보면 어느새 다양한 한자의 생김새에 익숙하게 됩니다.
또 쉬운 한자부터 차근차근 필사하다 보면 복잡한 한자도 쉽게 쓸 수 있게 배치하였습니다.

참고로, 이 책에서는 고사성어에 등장하는 모든 한자를 필사하는 대신, 반드시 알아야 할 기초 한자 필사에 중점을 두었습니다.
고사성어에 등장하는 한자 가운데는 오늘날 사용하지 않는 글자들도 있기 때문입니다.
또한 이 책은 한자를 필사하는 데 편리하도록 책의 제본 방식을 획기적으로 제작했습니다. 따라서 독자 여러분은 책을 펼쳐 놓은 후 편하게 한자 필사를 하실 수 있을 것입니다.

이 책을 통해 고사성어와 기초한자라는 두 마리 토끼를 다 잡으시기를 바라며, 출발하겠습니다.

차례

001

일석이조 一石二鳥

한 **일**, 돌 **석**, 두 **이**, 새 **조**

돌 하나를 던져 두 마리 새를 잡음.

一石二鳥(일석이조)를 모르는 사람은 거의 없다. '동시에 두 가지 이득을 봄'을 가리키는데, '꿩 먹고 알 먹고', '도랑 치고 가재 잡고' 같은 속담과 뜻이 일맥상통한다.

비슷한말

일거양득(一擧兩得) : 한 가지 일을 하여, 두 가지 이익을 얻음.

참고표현

일망타진(一網打盡) : 한 번 그물을 쳐서 고기를 다 잡는다는 뜻으로, 어떤 무리를 한꺼번에 모조리 다 잡음을 이르는 말.

예문 채식은 건강에도 좋고 환경보호에 도움이 되는 일석이조의 효과를 준다.

二

두 이

石

돌 석

002

일편단심 一片丹心

한 **일**, 조각 **편**, 붉을 **단**, 마음 **심**

| 한 조각의 붉은 마음. 결코 변치 않을 충성되고 참된 마음을 가리키는 말.

'일편단심'이 등장하는 유명한 시조가 있다.

이 몸이 죽고 죽어 일백 번 고쳐 죽어
백골이 진토되어 넋이라도 있고 없고
임 향한 일편단심이야 가실 줄이 있으랴

고려 말의 충신 정몽주(1337~1392)가 지은 '단심가'라는 시조다.

예문 안중근 의사는 일제로부터 나라를 되찾겠다는 일편단심으로 이토 히로부미 제거 거사를 계획했다.

片 丿 片 片 片

조각 **편**

心 心 心 心 心

마음 **심**

003

일벌백계 一罰百戒

한 **일**, 형벌 **벌**, 일백 **백**, 경계할 **계**

| 한 사람을 벌주어 백 사람이 경계토록 함.

罰(벌)은 '죄, 형벌'을 뜻하는 글자인데, 엄밀히 말하면 '허물'을 뜻하는 '罪(죄)'와는 조금 다르다. 죄를 지은 결과 받는 대가가 벌이기 때문이다. 이를 잘 나타내는 문학 작품이 러시아의 대문호 도스토옙스키가 지은《죄와 벌》이다. 주인공 라스콜리니코프가 노파를 살해한 죄를 짓고, 시베리아로 유배되는 벌을 받는 내용이니까.

일벌백계는 '한 사람 또는 한 가지 죄에 대해 강력한 벌을 내림으로써 주위 모든 사람에게 경각심을 불러일으키는 모습'을 나타낸다.

예문 무사안일한 업무 처리에 대해서는 일벌백계로 다스릴 수밖에 없음을 알려드립니다.

一

한 일

百

일백 **백**

004

일거수일투족 一擧手一投足

한 **일**, 들 **거**, 손 **수**, 한 **일**, 던질 **투**, 발 **족**

> 손을 한 번 들고, 발을 한 번 옮긴다는 뜻으로, 크고 작은 동작 하나하나를 이르는 말.

일거수일투족은 아무리 사소한 행동이라도 빠짐없이 가리킬 때 쓰는 표현인데, 좋은 의미로 쓰는 경우는 별로 없다.
'그는 사랑하는 사람의 일거수일투족을 바라보며 기뻐했다' 같은 표현은 쓰지 않는다는 말이다. 반면에 '그는 그녀의 일거수일투족을 감시하였다'처럼 무언가 목적을 가지고 유심히 살펴볼 때 주로 쓴다.

'手足(수족)'은 '손'과 '발'을 가리킨다.

예문 누군가 내 일거수일투족을 감시하고 있다는 느낌을 지울 수가 없다.

手 ㅡ 二 三 手

손 수

足 丨 口 口 口 早 早 足

발 족

005

구우일모 九牛一毛

아홉 **구**, 소 **우**, 한 **일**, 터럭 **모**

아홉 마리 소 가운데서 뽑은 터럭 하나.

한 마리 소에 난 털만 해도 셀 수 없을 만큼 많다. 그런데 아홉 마리 소 가운데서 털 하나를 뽑았으니, 그 양이 얼마나 하찮은 것이겠는가. 그래서 구우일모는 '매우 많은 것 가운데 극히 적은 수, 매우 하찮은 것'을 가리킨다.

비슷한말

창해일속(滄海一粟) : 넓고 큰 바닷속의 좁쌀 한 알이라는 뜻으로, 아주 많거나 넓은 것 가운데 있는 매우 하찮고 작은 것을 이르는 말.
조족지혈(鳥足之血) : 새발의 피라는 뜻으로, 아주 적은 분량을 가리킨다.

참고표현

우수마발(牛溲馬勃) : 소의 오줌과 말의 똥이라는 뜻으로, 가치 없는 말이나 글, 또는 품질이 나빠 쓸 수 없는 약재 따위를 이르는 말.

九

아홉 **구**

毛

터럭 **모**

006

천군만마 千軍萬馬

일천 **천**, 군사 **군**, 일만 **만**, 말 **마**

> 천 명의 군사와 만 마리의 군마라는 뜻으로, 아주 많은 수의 군사와 군마를 이르는 말.

한자에서 천(千)과 만(萬)은 구체적인 숫자가 아니라 매우 많은 수나 양을 가리키는 경우가 대부분이다. 따라서 천군만마는 매우 많은 군대를 가리킨다고 하겠다.

참고표현

만승지국(萬乘之國) : 병거(兵車) 일만 대를 갖출 만한 힘이 있는 나라라는 뜻으로, 천자가 다스리는 나라를 이르는 말.
승(乘)은 '타다'라는 뜻의 한자인데, 고대 중국에서는 사람이 타는 병사용 수레를 가리킨다. 따라서 만승은 만 대의 군대용 수레로, 대단히 강력한 나라의 군사를 뜻한다.

예문 자네가 돌아오니 천군만마를 얻은 기분이네그려.

千

일천 **천**

萬

일만 **만**

007

우이독경 牛耳讀經

소 **우**, 귀 **이**, 읽을 **독**, 경전 **경**

> 쇠귀에 경 읽기라는 뜻으로, 아무리 가르치고 일러 주어도 알아듣지 못함을 이르는 말.

소귀에 대고 성경이나 불경을 아무리 읽어 주어도 깨달을 리가 없다. 그래서 이런 표현이 생겨났다.

소는 사람과 매우 친밀한 동물이다. 그래서 그런지 좋은 뜻뿐 아니라 좋지 않은 뜻으로도 자주 등장한다.

우이독경과 비슷한 고사성어가 또 있다.

비슷한말

대우탄금(對牛彈琴) : 소를 마주 대하고 거문고를 탄다는 뜻으로, 어리석은 사람에게는 깊은 이치를 말해 주어도 알아듣지 못하므로 아무 소용이 없음을 이르는 말.

예문 우이독경도 정도가 있지, 강아지도 이만큼 알려주었으면 제 역할을 하겠다.

牛

소 우

耳

귀 이

008

목불식정 目不識丁

눈 **목**, 아니 **불**, 알 **식**, 고무래 정

> 아주 간단한 글자인 '丁' 자를 보고도 그것이 '고무래'인 줄을 알지 못한다는 뜻으로, 아주 까막눈임을 이르는 말.

고무래는 '곡식을 그러모으고 펴거나, 밭의 흙을 고르거나 아궁이의 재를 긁어모으는 데에 쓰는 '丁' 자 모양의 기구다. 따라서 목불식정(目不識丁)은 고무래와 丁을 구분하지 못하는 무식한 사람을 가리킨다. 우리 속담 '낫 놓고 기역자도 모른다'와 비슷하다.

비슷한말

숙맥불변(菽麥不辨) : 콩인지 보리인지를 구별하지 못한다는 뜻으로, 사리 분별을 못 하고 세상 물정을 잘 모름을 이르는 말.

어로불변(魚魯不辨) : 어(魚) 자와 노(魯) 자를 구별하지 못한다는 뜻으로, 아주 무식함을 비유적으로 이르는 말.

무지몽매(無知蒙昧) : 아는 것이 없고 사리에 어두움.

일자무식(一字無識) : 글자를 한 자도 모를 정도로 무식함.

예문 그야말로 목불식정이라서 도대체 말이 안 통한다니까.

不

아니 **불**

丁

고무래 **정**

009

문일지십 聞一知十

들을 **문**, 한 **일**, 알 **지**, 열 **십**

하나를 듣고 열 가지를 미루어 안다는 뜻으로, 지극히 총명함을 이르는 말.

목불식정(目不識丁)과는 정반대되는 경우에 사용하는 표현이다.
우리 속담에도 '하나를 가르치면 열을 안다'는 표현이 있는데, 같은 표현이라고 할 수 있다.
문일지십(聞一知十)은《논어》에 나오는 표현이다.

공자가 자공에게 물었다.
"너와 안회 가운데 누가 더 낫다고 여기느냐?"
이에 자공이 대답했다.
"제가 어찌 안회를 따르겠습니까? 그는 하나를 들으면 열을 아는 반면, 저는 하나를 들으면 고작 둘을 알 뿐입니다."

예문 내 제자 가운데 문일지십이라고 할 만한 친구가 여럿 있어.

知

알 지

十

열 십

010 식자우환 識字憂患

알 **식**, 글자 **자**, 근심 **우**, 근심 **환**

| 학식이 있는 것이 오히려 근심을 사게 됨.

그렇다면 목불식정이나 우이독경처럼 무식하지 않고 많이 배우고 아는 것이 좋기만 한 것일까?
식자우환 같은 표현이 있는 것을 보면 그렇지 않다는 것이 인류의 판단인 듯싶다.
현실을 보더라도 많이 아는 사람은 그렇지 않은 사람에 비해 더 머리가 아프고 복잡하게 사는 듯해서 고개를 끄덕이게 된다.
우리 속담에도 '아는 게 병, 모르는 게 약'이라는 게 있는데, 이와 통하는 표현이다.
그래도 많이 알면 분명 더 잘 살 수 있을 것이다. 다음과 같은 표현도 있으니까 말이다.

참고표현

명철보신(明哲保身) : 총명하고 사리에 밝아 일을 잘 처리하여 자기 몸을 보존함.

예문 식자우환이라고 하였으니, 아는 것을 믿고 너무 경거망동하지 말거라.

字

글자 **자**

011

십시일반 十匙一飯

열 **십**, 숟가락 **시**, 한 **일**, 밥 **반**

> 밥 열 술을 모으면 한 그릇이 된다는 뜻으로, 여러 사람이 조금씩 힘을 합하면 한 사람을 돕기 쉬움을 이르는 말.

우리가 자주 사용하는 수저라는 표현은 한자 시저(匙箸, 숟가락 시, 젓가락 저)가 변해서 된 말이다.
십시일반은 여러 사람이 모여 한 사람을 돕는다는 뜻을 갖는데, 이와 비슷한 표현은 또 있다.

비슷한말

상부상조(相扶相助) : 서로서로 도움.
환난상휼(患難相恤) : 향약의 네 가지 덕목 가운데 하나. 어려운 일이 생겼을 때 서로 도와야 함을 이른다.

예문 거동이 불편하고 경제적으로도 어려운 우리 친구들을 위해 십시일반 모금운동을 벌이고 있습니다.

相

서로 상

助

도울 조

012

미풍양속 美風良俗

아름다울 **미**, 풍습 **풍**, 좋을 **량**, 풍속 **속**

| 아름답고 좋은 풍속이나 기풍.

미풍양속은 아름다운 풍습, 좋은 풍속을 가리키는데, 우리나라에서는 조선 시대부터 향약(鄕約)이라는 고을의 자치 규약을 시행했다. 향약은 덕업상권(德業相勸-좋은 일은 서로 장려함), 과실상규(過失相規-잘못을 저지르지 않도록 서로 규제함), 예속상교(禮俗相交-사귈 때는 예의를 지켜야 함), 환난상휼(患難相恤-어려운 일이 생겼을 때는 서로 도움)의 네 가지 규약을 포함한다.

예문 향약은 우리 겨레의 미풍양속 가운데 대표적인 것이라고 할 수 있다.

美

아름다울 **미**

俗

풍속 **속**

013

사분오열 四分五裂

넉 **사**, 나눌 **분**, 다섯 **오**, 찢을 **렬**

여러 갈래로 갈기갈기 찢어짐.

네 개로 나뉘고 다섯 개로 찢겼으니, 질서도 없이 어지러이 흩어지고 나뉜 것을 나타낸다.

열(裂)은 '찢다, 무너지다' 같이 좋지 않은 뜻을 갖는 글자로,

분열(分裂-찢어져 나뉨), 결렬(決裂-교섭이나 회의 따위에서 의견이 합쳐지지 않아 각각 갈라서게 됨), 파열(破裂-깨어지거나 갈라져 터짐) 등에 사용한다.

비슷한말

삼분오열(三分五裂) : 여러 갈래로 갈려 흩어짐.

지리멸렬(支離滅裂) : 이리저리 흩어지고 찢기어 갈피를 잡을 수 없음.

참고표현

사통오달(四通五達) : 도로나 교통망, 통신망 따위가 이리저리 사방으로 통함.

사통팔달(四通八達)도 같은 뜻이다.

四

넉 사

나눌 분

014 동분서주 東奔西走

동녘 **동**, 달릴 **분**, 서녘 **서**, 달릴 **주**

> 동쪽으로 뛰고 서쪽으로 뛴다는 뜻으로, 사방으로 이리저리 몹시 바쁘게 돌아다님을 이르는 말.

우리 속담에 '동에 번쩍, 서에 번쩍'이라는 표현이 있는데, 그런 모습을 가리킨다.

참고표현

남정북벌(南征北伐) : 남쪽을 정복하고 북쪽을 토벌함.

종횡무진(縱橫無盡) : 자유자재로 행동하여 거침이 없는 상태.

한자 뜻만 보면, 가로로 세로로 끝이 없이 오가는 모습을 가리킨다.

예문 부모님께서는 내 학자금을 마련하시기 위해 동분서주하셨다.

東

동녘 동

西

서녘 서

015

가화만사성 家和萬事成

집 **가**, 화목할 **화**, 일만 **만**, 일 **사**, 이룰 **성**

| 가정이 화목하면 모든 일이 잘 이루어진다는 말.

우리나라 가정이나 상가 등에 걸려 있는 액자 가운데 가장 흔한 것이 이것이다. 그만큼 뜻이 좋기 때문일 텐데, 집안이건 조직이건 화목하지 않은 곳이 잘될 리 없을 것은 당연하다.

참고표현

수신 제가 치국 평천하(修身齊家治國平天下) : 몸과 마음을 닦아 수양하고, 집안을 잘 다스린 후 나라를 다스리고, 나아가 천하를 태평하게 만듦.

수신제가만 떼어 다음 뜻으로 사용하기도 한다.

수신제가(修身齊家) : 몸과 마음을 닦아 수양하고 집안을 다스림.

예문 가화만사성인데, 우리는 가족끼리 치고받고 싸우기만 하니 복이 들어올 리 있겠느냐.

家

집 가

和

화목할 화

016

자수성가 自手成家

스스로 자, 손 수, 이룰 성, 집 가

| 물려받은 재산이 없이 자기 혼자의 힘으로 집안을 일으키고 재산을 모음.

자수성가(自手成家)는 오늘날 말로 하자면, '개천에서 용 났다'는 뜻이요, 흙수저가 금수저가 되었다는 뜻이다. 그만큼 어려운 일이 자수성가인 셈이다.

수(手)는 '손'을 뜻하는데, 손의 존재가 인간과 동물을 구분한다. 그런 까닭에 수(手)가 들어가는 표현은 꽤나 많다.

참고표현

적수공권(赤手空拳) : 맨손과 맨주먹이라는 뜻으로, 아무것도 가진 것이 없음을 이르는 말.

예문 우리 사장님은 자수성가하신 분으로, 지금도 일을 손에서 놓지 않으신다.

自

스스로 자

成

이룰 성

017

천리안 千里眼

일천 **천**, 마을 **리**, 눈 **안**

> 천 리 밖의 것을 볼 수 있는 눈이라는 뜻으로, 사물을 꿰뚫어 볼 수 있는 뛰어난 관찰력을 비유적으로 이르는 말.

눈을 가리키는 한자로는 안(眼)과 목(目)이 있다. 안경(眼鏡), 안과(眼科), 안질(眼疾), 노안(老眼) 등처럼 육체적 눈을 가리킬 때는 안(眼)을 주로 쓴다. 반면에 목격(目擊), 주목(注目), 면목(面目)처럼 바라보는 행위를 가리킬 때는 목(目)을 주로 쓴다.
한편 목(目)에 인(儿)이 붙은 글자 견(見)은 '사람이 보다'라는 뜻을 갖는다.

비슷한말

선견지명(先見之明) : 어떤 일이 일어나기 전에 미리 앞을 내다보고 아는 지혜.

참고표현

견물생심(見物生心) : 어떠한 실물을 보게 되면 그것을 가지고 싶은 욕심이 생김.

예문 그는 마치 천리안을 가진 듯해. 우리가 어떻게 행동할지 다 알고 있더라니까.

里

마을 리

018 명경지수 明鏡止水

밝을 **명**, 거울 **경**, 그칠 **지**, 물 **수**

맑은 거울과 고요한 물. 맑고 고요한 마음의 상태를 이르는 말.

위 표현에서 지(止)는 '그치다, 멈추다'라는 표현을 갖는다. 따라서 지수(止水)는 '멈추어 가만히 있는 물'을 가리킨다.

명경지수(明鏡止水)는 물리적인 물이 아니라, 고요하고 침착한 마음의 상태를 나타낼 때 사용하는 표현이다.

참고표현

태연자약(泰然自若) : 마음에 어떠한 충동을 받아도 움직임이 없이 천연스러움.

예문 그의 마음은 명경지수와 같아, 어떤 상황에서도 화를 내거나 목소리를 높이는 법이 없다.

明

밝을 **명**

止

그칠 **지**

019

백년대계 百年大計

일백 **백**, 해 **년**, 큰 **대**, 계획 **계**

먼 앞날까지 미리 내다보고 세우는 크고 중요한 계획.

사람이 백 세를 사는 오늘날에도 100년 앞을 내다보고 계획을 세우기란 쉽지 않다. 하물며 예전에는 100년 후는 상상하기도 힘든 미래였다.

그러나 백년대계보다 더 먼 미래를 본 표현도 여럿 있다.

비슷한말

만년지계(萬年之計) : 아주 먼 훗날까지 걸친 큰 계획.

장구지계(長久之計) : 어떤 일이 오래 계속되도록 꾀하는 계책.

예문 국가의 백년대계는 교육에 달려 있습니다.

年

해 년

計

셈할 계

020

하석상대 下石上臺

아래 **하**, 돌 **석**, 위 **상**, 돈대 **대**

> 아랫돌 빼서 윗돌 괴고 윗돌 빼서 아랫돌 괸다는 뜻으로, 임시변통으로 이리저리 둘러맞춤을 이르는 말.

백년대계나 만년지계와는 정반대되는 표현도 있다.
우리 속담에 '아랫돌 빼서 윗돌을 막는다'라는 게 있는데, 하석상대가 바로 그런 뜻이다.
이 외에도 비슷한 표현이 많다.

비슷한말

미봉책(彌縫策) : 눈가림만 하는 일시적인 계책.
고식지계(姑息之計) : 우선 당장 편한 것만을 택하는 꾀나 방법.
한때의 안정을 얻기 위하여 임시로 둘러맞추어 처리하거나 이리저리 주선하여 꾸며 내는 계책을 이른다.

예문 그런 하석상대의 방식으로는 이 어려움을 극복할 수 없다.

下

아래 **하**

上

위 **상**

021

조삼모사 朝三暮四

아침 **조**, 석 **삼**, 저녁 **모**, 넉 **사**

> 아침에 세 개, 저녁에 네 개라는 뜻으로, 간사한 꾀로 남을 속여 희롱함을 이르는 말.

중국 송나라 저공(狙公)의 고사로, 먹이를 아침에 세 개, 저녁에 네 개씩 주겠다는 말에는 원숭이들이 적다고 화를 내더니, 아침에 네 개, 저녁에 세 개씩 주겠다는 말에는 좋아하였다는 데서 유래한다.
하석상대와는 달리 잔꾀로 위기를 모면할 때 사용하는 표현이다.
이와 비슷한 표현도 있다.

비슷한말

권모술수(權謀術數) : 목적 달성을 위하여 수단과 방법을 가리지 아니하는 온갖 모략이나 술책.

예문 위기를 맞을수록 정정당당하게 대처해야 하는데, 늘 조삼모사 식으로 해결하고자 하니 제대로 될 리 있겠느냐.

朝

아침 조

三

석 삼

022

무용지물 無用之物

없을 **무**, 쓸 **용**, 조사 **지**, 만물 **물**

쓸모없는 물건이나 사람.

아무짝에도 쓸모없는 물건을 가리키는 표현이다.
이와 정반대되는 표현도 있다.

반대말

무용지용(無用之用) : 언뜻 보기에 쓸모없는 것이 오히려 큰 구실을 함을 이르는 말.
한 글자 바뀌었을 뿐인데, 뜻은 정반대가 된 표현이다.

참고표현

무주공산(無主空山) : 임자 없는 빈 산.
주인 없이 비어 있는 산을 가리킨다. 하지만 단순히 비어 있다는 뜻을 가리키는 게 아니라, 누구든 그 자리를 차지하면 주인이 된다는 의미까지 포함한다.

예문 이런 첨단제품은 우리 작업에는 무용지물에 불과해.

用

쓸 용

無

없을 무

023

무미건조 無味乾燥

없을 **무**, 맛 **미**, 마를 **건**, 마를 **조**

재미나 멋이 없이 메마름.

무미건조는 단순히 맛이 없고 메마른 것을 가리키지 않는다.
문장이 단순해서 읽을 맛이 없는 경우, 그리고 예술작품 등이 특별한 독창성을 보이지 않는 경우 등에도 쓴다.
따라서 이때 '맛'은 음식의 맛이라기보다는, 예술적 정취를 가리킨다고 할 수 있다.

비슷한말

외화내빈(外華內貧) : 겉은 화려하나 속은 텅 비어 있음.

예문 네 글은 무미건조해서 읽을 맛이 없어. 너만의 개성을 표현하는 방법을 찾아 보라고.

味

맛 **미**

未

아닐 **미**

024

유명무실 有名無實

있을 **유**, 이름 **명**, 없을 **무**, 열매 **실**

| 이름만 그럴듯하고 실속은 없음.

보기에는 그럴 듯하지만, 실제로는 아무 내용도 없음을 이르는 표현이다.
우리 속담에 '빛 좋은 개살구'라는 것이 있는데, 그와 같은 뜻이라고 하겠다.

참고표현

유야무야(有耶無耶) : 있는 듯 없는 듯 흐지부지함.

허장성세(虛張聲勢) : 실속은 없으면서 큰소리치거나 허세를 부림.

예문 그가 운영하는 회사는 유명무실해서, 오랫동안 아무 성과도 거두지 못했다니까.

有

있을 **유**

實

열매 **실**

025

유구무언 有口無言

있을 **유**, 입 **구**, 없을 **무**, 말씀 **언**

> 입은 있어도 말은 없다는 뜻으로, 변명할 말이 없거나 변명을 하지 못함을 이르는 말.

입은 있으나 할 말이 없을 때, 즉 변명할 말조차 없이 잘못했을 때 쓰는 표현이다.

'입이 열 개라도 할 말이 없다'라는 속담과 같은 뜻이다.

이와 반대로 할 말이 별로 없을 듯한데, 큰소리 치는 경우도 있다.

참고표현

호언장담(豪言壯談) : 호기롭고 자신 있게 말함.

대언장담(大言壯談) : 제 분수에 맞지 않는 말을 희떱게 지껄임.

예문 이번 사태에 대해서는 유구무언입니다. 모두 제 책임이니, 제가 책임지고 해결하겠습니다.

口

입 구

談

말씀 담

026

유비무환 有備無患

있을 **유**, 갖출 **비**, 없을 **무**, 근심 **환**

| 미리 준비가 되어 있으면 걱정할 것이 없음.

사서삼경 가운데 하나인《서경》에 나오는 말이다.
어떤 상황을 맞아서도 대비할 수 있다면 걱정, 근심이 있을 수 없다는 뜻으로, 준비를 철저히 해야 한다는 의미로 자주 쓴다.
유비무환이라는 표현의 대표적인 사례로, 율곡 이이가 주장한 십만양병설을 들 수 있다. 만일 이이의 주장대로 십만 명의 군사를 길렀다면 임진왜란을 당하지 않았을 것이라는 내용이다.

비슷한말

안불망위(安不忘危) : 편안한 가운데서도 위태로움을 잊지 아니한다는 뜻으로, 항상 마음을 놓지 않고 스스로를 경계함을 이르는 말.

예문 유비무환이니 한시도 경계를 게을리하지 말거라.

無

없을 **무**

患

근심 **환**

0
2
7

일조일석 一朝一夕

한 **일**, 아침 **조**, 한 **일**, 저녁 **석**

하루의 아침과 저녁이란 뜻으로, 짧은 기간을 이르는 말.

하루의 아침과 저녁은 곧 24시간을 뜻하는데, 이때는 매우 짧은 기간을 가리킨다.
이보다 더 짧은 시간을 가리키는 글자로 촌(寸), 각(刻) 등이 있는데, 이 글자들이 들어가는 표현은 더 짧은 시간을 가리킨다.

참고표현

일촌광음(一寸光陰) : 매우 짧은 동안의 시간.
일촌광음 불가경(一寸光陰不可輕), 즉 '한 순간도 가벼이 쓰지 말라'는 유명한 말에 들어가는 표현.

예문 어떤 조직도 일조일석에 짜임새를 갖는 것은 아닙니다. 그러니 우리 조직 역시 더 열심히 노력하고 확장해 나가도록 합시다.

夕

저녁 **석**

寸

마디 **촌**

028

일각여삼추 一刻如三秋

한 **일**, 시간 **각**, 같을 **여**, 석 **삼**, 가을 **추**

| 일각을 3년처럼 느낄 만큼 애태우며 기다림.

각(刻)은 '새긴다'는 뜻과 함께 '약 15분의 시간'도 가리킨다. 따라서 위 표현은 고작 15분을 3년처럼 느낀다는 의미를 갖는다.
누군가 보고 싶은 사람을 기다릴 때, 또는 오래도록 바라던 일의 결과를 기다릴 때 사용하는 표현이다.

비슷한말

일일여삼추(一日如三秋) : 하루가 삼 년 같다는 뜻으로, 몹시 애태우며 기다림을 이르는 말.

참고표현

시시각각(時時刻刻) : 각각의 시각.
빠르게 변하는 시간을 가리킬 때 자주 사용한다.

예문 그녀를 기다리는 내 마음은 일각여삼추라니까.

刻

시간 각

如

같을 여

029

태평성대太平聖代

클 **태**, 평탄할 **평**, 성스러울 **성**, 시대 **대**

어진 임금이 잘 다스리어 태평한 세상이나 시대.

본래는 어진 임금이 다스리는 태평한 시대를 가리키는데, 오늘날에는 지도자가 누구건 살기 좋고 평안한 시대를 가리킬 때 사용한다.
이런 평안하고 좋은 시대를 가리키는 표현은 여럿 있다. 모든 사람의 꿈이 이런 시대이기 때문일 것이다.

비슷한말

강구연월(康衢煙月) : 번화한 큰 길거리에서 달빛이 연기에 은은하게 비치는 모습을 나타내는 말로, 태평한 세상의 평화로운 풍경을 이르는 말.
태평연월(太平煙月) : 근심이나 걱정이 없는 편안한 세월.
가급인족(家給人足) : 집집마다 넉넉하고 사람들은 풍족함.

예문 이 정권이 들어서고 난 후 태평성대는커녕, 죽지 못해 산다는 사람이 늘어나고 있어.

太

클 태

平

평평할 평

030

고복격양 鼓腹擊壤

두드릴 **고**, 배 **복**, 칠 **격**, 땅 **양**

배를 두드리고 땅을 친다는 뜻으로, 태평한 세월을 즐김을 이르는 말.

태평성대를 즐기는 백성의 모습을 나타내는 표현이다. 중국 요임금 때 한 노인이 배를 두드리고 땅을 치면서 요임금의 덕을 찬양하고 태평성대를 즐겼다는 데서 유래한다. 고대 중국의 요임금과 그의 후계자인 순임금은 동양에서 가장 살기 좋은 시대를 다스린 임금으로 유명하다. 그래서 요순시대(堯舜時代)라는 표현도 있다.

참고표현

요순시대(堯舜時代) : 요임금과 순임금이 덕으로 천하를 다스리던 태평한 시대. 치세(治世)의 모범으로 삼는다.

함포고복(含哺鼓腹) : 잔뜩 먹고 배를 두드린다는 뜻으로, 먹을 것이 풍족하여 즐겁게 지냄을 이르는 말.

예문 아, 언제나 고복격양의 시대가 오려나!

鼓

두드릴 고

031

가렴주구 苛斂誅求

가혹할 **가**, 거둘 **렴**, 책망할 **주**, 구할 **구**

| 세금을 가혹하게 거두어들이고, 무리하게 재물을 빼앗음.

태평성대와는 정반대되는 모습을 가리키는 표현이다. 세금을 가혹하게 거둘 뿐 아니라, 백성들을 향해 벌을 내리는 모양으로, 나쁜 지도자와 시대를 가리키는 대표적인 표현이다.

'가(苛)'는 '가혹하다, 맵다' 같은 뜻의 글자인데, 이 글자가 들어가는 또 다른 표현이 있다.

비슷한말

가정맹어호(苛政猛於虎) : 가혹한 정치는 호랑이보다 무섭다는 뜻으로, 혹독한 정치의 폐가 큼을 이르는 말. 사서오경 가운데 하나인 《예기》〈단궁편(檀弓篇)〉에 나오는 말이다.

사서는《논어》,《맹자》,《중용》,《대학》, 삼경은《시경》《서경》《역경(주역)》을 가리키며, 이를 합해 사서삼경이라고 한다. 사서오경은 앞의 7권에《예기》《춘추》를 더한 것이다.

예문 가렴주구가 계속되자 결국 백성들이 들고일어났다.

求

구할 구

032

자급자족 自給自足

스스로 **자**, 공급할 **급**, 스스로 **자**, 만족할 **족**

필요한 물자를 스스로 생산하여 충당함.

오늘날 자급자족하는 사람은 거의 없다. 하지만 오래 전, 인류는 자급자족 경제를 기틀로 발전해 왔다.

그러나 분업(分業-생산의 모든 과정을 여러 전문적인 부문으로 나누어 여러 사람이 분담하여 일을 완성하는 노동 형태)이 시작되면서 자급자족 경제는 자취를 감추게 된다.

참고표현

자력갱생(自力更生) : 남에게 의지하지 아니하고 자신의 힘만으로 어려운 처지에서 벗어나 새로운 삶을 살아감.

예문 오늘날 자급자족하는 나라는 찾아보기 힘들다. 모든 나라가 경제적 효율에 따라 국제 분업 체제 안에서 움직이기 때문이다.

給

공급할 **급**

更

다시 **갱**

033 전가지보 傳家之寶

전할 **전**, 집 **가**, 조사 **지**, 보물 **보**

대대로 집안에 전하여 내려오는 보물.

전(傳)은 '전하다, 널리 퍼뜨리다'라는 뜻으로, 대를 이어 내려오는 행동을 뜻할 때 자주 사용한다.

참고표현

부전자전(父傳子傳) : 아들의 성격이나 생활 습관 따위가 아버지로부터 대물림된 것처럼 같거나 비슷함.

이심전심(以心傳心) : 마음과 마음으로 서로 뜻이 통함.

무가지보(無價之寶) : 값을 매길 수 없을 만큼 귀중한 보배.

예문 우리 집안의 전가지보라고 하면 '성실'이라는 가훈뿐, 눈에 보이는 물질은 단 한 점도 없다네.

家

집 **가**

子

자식 **자**

034

금과옥조 金科玉條

쇠 **금**, 과정 **과**, 옥 **옥**, 법규 **조**

| 금이나 옥처럼 귀중히 여겨 꼭 지켜야 할 법칙이나 규정.

금으로 만든 법, 옥으로 만든 법규라는 뜻으로, 결코 어겨서는 안 되는 소중한 법규를 가리킨다.
금옥(金玉), 즉 금과 옥은 고대 동양에서는 가장 소중한 것을 가리키는 표현이었다. 그래서 이 두 광물이 들어가는 표현은 또 있다.

참고표현

금옥만당(金玉滿堂) : 금관자나 옥관자를 붙인 높은 벼슬아치들이 방안에 가득함. 귀한 신하가 조정에 가득함을 이르는 표현.
금지옥엽(金枝玉葉) : 귀한 자손을 이르는 말.

예문 나는 아버님께서 전해 주신 좌우명을 평생 금과옥조로 여기며 살아왔습니다.

玉

구슬 **옥**

科

과정 **과**

035

일확천금 一攫千金

한 **일**, 붙잡을 **확**, 일천 **천**, 쇠 **금**

> 단번에 천금을 움켜쥔다는 뜻으로, 힘들이지 아니하고 한번에 많은 재물을 얻음.

오늘날로 치면 복권에 당첨되는 요행을 바라는 마음일 것이다. 한자 천(千)은 단순히 1,000이 아니라 매우 많은 숫자를 가리킨다. 그래서 '몸이 천근 같다'라거나, '천길 낭떠러지' 같은 표현을 자주 쓴다.

참고표현

일자천금(一字千金) : 글자 하나의 값이 천금의 가치가 있다는 뜻으로, 글씨나 문장이 아주 훌륭해서 한 글자도 더하거나 고칠 곳이 없음을 이르는 말.
중국 진(秦)나라 여불위가《여씨춘추》를 지어 도읍인 함양 성문에 놓아두고, 내용 가운데 한 글자라도 첨삭하는 사람이 있다면 천금을 주겠다고 한 데서 유래한다.

예문 밤낮 일확천금만 꿈꾸지 말고 성실히 노력하는 게 어떻겠니?

金

쇠 금

036

기화가거 奇貨可居

기이할 **기**, 재물 **화**, 옳을 **가**, 차지할 **거**

진기한 물건은 잘 간직하여 나중에 이익을 남기고 판다는 뜻으로, 좋은 기회를 놓치지 말아야 함을 이르는 말.

고대 중국을 통일한 진시황의 실제 아버지인 여불위의 고사에서 비롯한 표현이다.
여불위는 자기 나라에 쫓겨와 머물던 자초라는 인물을 후원하기 위해 자신이 가진 모든 것을 투자했는데, 그 가운데는 여불위의 애첩도 포함되어 있었다. 그 후 자초는 귀국해 왕위에 올랐고, 여불위는 드디어 실제 권력을 행사하게 되었다.
그리고 여불위의 애첩이 낳은 아들은 자초의 자식으로 둔갑했는데, 그가 바로 진시황이었다. 이를 잘 알고 있던 여불위는 전횡을 일삼았는데, 이를 보다 못한 진시황이 여불위를 제거했던 것이다.
위 표현에서 기화(奇貨), 즉 진기한 물건은 자초를 가리킨다.

예문 그 사업이야말로 내게는 기화가거야. 이번에는 놓칠 수 없다고.

奇

기이할 **기**

居

차지할 **거**

037

다사다난 多事多難

많을 다, 일 사, 많을 다, 어려울 난

> 여러 가지 일도 많고 어려움이나 탈도 많음.

여러 가지 사건이나 사고, 일들이 많이 일어나는 모습을 가리키는 표현이다.

비슷한 뜻을 갖는 표현은 또 있다.

비슷한말

다사다단(多事多端) : 여러 가지 일이나 까닭이 서로 뒤얽혀 복잡함.

참고표현

다종다양(多種多樣) : 가짓수나 양식, 모양이 여러 가지로 많음.

예문 다사다난했던 한해가 가고, 새로운 해가 떠오릅니다.

多

많을 다

種

씨 종

038

다재다능 多才多能

많을 **다**, 재주 **재**, 많을 **다**, 능력 **능**

재주와 능력이 여러 가지로 많음.

다재다능은 여러 가지 능력을 고루 갖춘 사람에게 사용하는 표현이다. 이와 비슷한 표현, 그리고 참고할 만한 표현도 함께 살펴본다.

비슷한말

팔방미인(八方美人) : 여러 방면에 능통한 사람을 비유적으로 이르는 말.

박학다식(博學多識) : 학식이 넓고 아는 것이 많음.

참고표현

천학비재(淺學菲才) : 학문이 얕고 재주가 변변치 않다는 뜻으로, 자기 학식을 겸손하게 이르는 말.

이 표현은 스스로를 낮출 때 사용하는 것으로, 다른 사람에게 사용해서는 안 된다.

예문 저 선수는 다재다능해서 공격과 수비, 어느 한 곳도 나무랄 데가 없습니다.

재주 **재**

039

초록동색 草綠同色

풀 **초**, 초록빛 **록**, 같을 **동**, 색깔 **색**

| 풀빛과 초록색은 같은 색상임. 즉, 같은 무리끼리는 같은 편이 된다는 뜻.

위 표현에서 초(草)는 '풀'이 아니라 '풀의 색'을 가리킨다. 초록동색은 같은 편끼리 이익을 공유한다는 의미를 갖는데, 좋은 의미로는 별로 쓰지 않는다. 비슷한말인 유유상종 역시 사람들이 좋은 뜻으로 뭉친 경우에는 잘 쓰지 않는다.

비슷한말

유유상종(類類相從) : 같은 무리끼리 서로 사귐.

참고표현

마중지봉(麻中之蓬) : 삼밭 속의 쑥이라는 뜻으로, 곧은 삼밭 속에서 자란 쑥은 곧게 자라게 되는 것처럼, 선한 사람과 사귀면 그 감화를 받아 자연히 선해짐을 비유적으로 이르는 말.

예문 초록동색이라고 너는 늘 네 가족 편만 드는구나.

同

같을 동

色

빛 색

040

박리다매 薄利多賣

옅을 **박**, 이익 **리**, 많을 **다**, 팔 **매**

| 이익을 적게 보고 많이 파는 것.

장사와 관련해 자주 등장하는 표현으로, 하나 하나에서는 작은 이익을 보면서 많이 파는 것을 목표로 한 행위를 가리킨다.
매(賣)는 '판다'는 뜻을 갖는 글자인 반면, 같은 음인 매(買)는 '산다'는 뜻을 갖는다. 그래서 매매(賣買)라고 하면 '물건을 팔고 사는 일'을 뜻한다.

참고표현

매점매석(買占賣惜) : 물건값이 오를 것을 예상하여 한꺼번에 샀다가 팔기를 꺼려 쌓아 둠.

예문 우리 상점은 박리다매를 원칙으로 소비자를 모시고 있습니다.

利

이익 **리**

賣

팔 **매**

041

매관매직 賣官賣職

팔 **매**, 벼슬 **관**, 팔 **매**, 벼슬 **직**

| 돈이나 재물을 받고 벼슬을 시킴.

실력 있는 자가 아니라 돈을 많이 내는 자에게 벼슬을 주는 매관매직은 부정부패(不正腐敗)의 대표적인 행위이다.
위 표현에서 주의할 점은 앞의 매(賣)와 뒤의 매(賣)가 모두 '판다'는 뜻의 매(賣)라는 사실이다.
관(官)과 직(職)은 모두 벼슬을 가리키는 글자여서, 합하면 관직(官職-공무원 또는 관리가 국가로부터 위임받은 일정한 직무나 직책)이라는 단어가 된다.

참고표현

목민지관(牧民之官) : 백성을 다스리고 기르는 벼슬아치라는 뜻으로, 고을의 원님이나 수령 등의 외직 문관을 통틀어 이르는 말. 목민관(牧民官)이라고도 한다.

예문 시대가 혼란기로 접어들면서 조정에서는 매관매직이 횡행하기 시작하였다.

賣

팔 매

官

벼슬 관

042

위인설관 爲人設官

위할 **위**, 사람 **인**, 설치할 **설**, 벼슬 **관**

어떤 사람을 채용하기 위하여 일부러 벼슬자리를 마련함.

필요도 없는 벼슬자리나 부서를 만든 후, 자신이 특혜를 주고 싶은 특정한 사람을 그 자리에 임명하는 것을 가리키는 표현이다. 이와 대비해 참고할 만한 표현이 있다.

참고표현

옥상옥(屋上屋) : 지붕 위의 지붕이라는 뜻으로, 윗부분에 불필요하게 만든 조직이나 구조를 비유적으로 이르는 말.

예문 그를 채용하는 것은 위인설관에 해당합니다. 절대 허용해서는 안 됩니다.

人

사람 **인**

設

설치할 **설**

043

백의종군 白衣從軍

흴 **백**, 옷 **의**, 좇을 **종**, 군사 **군**

| 벼슬 없이 군대를 따라 싸움터로 감.

백의(白衣)는 벼슬이 없는 일반 병사나 일반인이 입는 의복이다. 따라서 백의종군은, 군복이 아니라 일반인의 의복을 입은 채 군대를 따라가 전투에 임하는 모습을 가리킨다.
임진왜란 때 모함을 받아 벼슬을 잃은 후 전투에 나선 이순신 장군을 가리킬 때 자주 쓰는 표현이다.
백의종군하기 위해서는 우선 삭탈관직을 당해야 한다.

참고표현

삭탈관직(削奪官職) : 죄를 지은 자의 벼슬과 품계를 빼앗고, 벼슬아치의 명부에서 그 이름을 지우던 일.

예문 이순신 장군은 삭탈관직을 당한 끝에 백의종군의 길을 걷게 되었다.

白

흴 백

軍

군사 군

044 입신양명 立身揚名

설 **립**, 몸 **신**, 날릴 **양**, 이름 **명**

출세하여 이름을 세상에 떨침.

몸을 세상에 우뚝 세운 후 이름을 드높이는 모습을 가리킨다. 예나 오늘날이나 사람들은 대부분 입신양명을 꿈꾸는 것이 사실이다. 양(揚)은 '날리다, 오르다, 드러나다' 같은 뜻을 갖는다.

비슷한말

입신출세(立身出世) : 성공하여 세상에 이름을 떨침.

참고표현

득의양양(得意揚揚) : 뜻한 바를 이루어 우쭐거리며 뽐냄.

예문 입신양명만이 효도하는 길은 아니다. 바르고 정의로운 사람이 되는 것이야말로 네 아버님의 뜻에 따르는 길이다.

立

설 립

得

얻을 득

045

등용문 登龍門

오를 **등**, 용 **용**, 문 **문**

> 용문(龍門)에 오른다는 뜻으로, 어려운 관문을 통과하여 크게 출세하게 됨. 또는 그 관문을 이르는 말.

입신양명과 비슷한 뜻을 갖는 표현으로, 중국 고사에서 비롯하였다. 중국 황허강[黃河江] 중류에 있는 용문이라는 계곡은 물살이 워낙 급해 모든 물고기가 오르기 어려웠다.
그래서 이곳을 오르는 잉어는 용이 된다는 전설이 전하기 시작했다. 그 후 이 표현이 확대되어, 어려운 관문을 통과해 크게 성공한 사람을 가리키게 되었다.

예문 그 학습 과정은 전문가로 나아가는 등용문으로 널리 알려져 있다.

門

문 문

江

강 강

046

화무십일홍 花無十日紅

꽃 **화**, 없을 **무**, 열 **십**, 날 **일**, 붉을 **홍**

> 열흘 동안 붉은 꽃은 없다는 뜻으로, 한 번 번성한 것도 얼마 못 가서 반드시 쇠함을 비유적으로 이르는 말.

권력이 되었건 부귀영화가 되었건 모든 것은 영원히 지속할 수 없음을 가리키는 표현이다.
이와 비슷한 여러 가지 표현을 보면서, 세상의 이치를 깨닫게 된다.

비슷한말

권불십년(權不十年) : 권세는 십 년을 가지 못한다는 뜻으로, 아무리 높은 권세라도 오래가지 못함을 이르는 말.

예문 명예와 권력을 잡게 되면 화무십일홍임을 잊지 말거라.

花

꽃 화

紅

붉을 홍

047

청운지지 青雲之志

푸를 청, 구름 운, 조사 지, 뜻 지

높은 지위에 오르고자 하는 뜻.

아무리 화무십일홍(花無十日紅)이라고 하더라도, 사람들은 높은 지위에 오르겠다는 꿈을 지울 수는 없다.
한자로 청운(青雲)은 '푸른 구름'이라는 뜻인데, 높은 지위나 벼슬을 비유적으로 이르는 말로 자주 쓴다.

참고표현

청운지사(青雲之士)

「1」 학문과 덕행을 함께 갖춘 고결한 사람.

「2」 높은 지위나 벼슬에 오른 사람.

예문 그는 청운지지를 품고 고향을 떠나온 젊은 시절을 회상하였다.

青

푸를 청

志

뜻 지

048

삼인성호 三人成虎

석 **삼**, 사람 **인**, 이룰 **성**, 호랑이 **호**

> 세 사람이 짜면 거리에 범이 나왔다는 거짓말도 꾸밀 수 있다는 뜻으로, 근거 없는 말이라도 여러 사람이 말하면 곧이듣게 됨을 이르는 말.

중국의 고전《한비자》에 나오는 고사에서 비롯한 표현으로, 세 사람이 연이어 거짓말을 반복하면 누구든 믿게 된다는 뜻이다.
이와 비슷한 뜻을 가진 표현은 또 있다.

비슷한말

증삼살인(曾參殺人) : 공자의 제자 가운데 증삼이라는 뛰어난 인물이 있었다. 그런데 동네 사람이 와서 그의 어머니에게 "증삼이 살인을 했다."고 말했다. 처음에는 콧방귀도 안 뀌던 어머니도 세 번째 사람이 와서 같은 말을 하자 믿게 되었다는 데서 유래한 표현으로, 삼인성호와 같은 뜻을 갖는다.

예문 우리 부장님이 모함당하는 모습을 보니 삼인성호라는 말이 틀리지 않다는 사실을 깨달았다.

成

이룰 성

虎

호랑이 호

049

호랑지심 虎狼之心

호랑이 **호**, 이리 **랑**, 조사 **지**, 마음 **심**

> 범과 이리의 마음이라는 뜻으로, 사납고 모질어서 자비롭지 못한 마음을 비유적으로 이르는 말.

진시황(기원전 259-210)은 뛰어난 용기와 지략으로 중국 최초로 천하통일을 이룬 인물로 유명하다. 그러나 그의 품성은 썩 좋지 않아, 호랑지심을 가진 인물로 역사는 기록하고 있다.

참고표현

화호유구(畵虎類狗) : 범을 그리려다가 강아지를 그린다는 뜻으로, 소양이 없는 사람이 호걸인 체하다가 도리어 망신을 당함을 비유적으로 이르는 말.

낭자야심(狼子野心) : 이리는 본래의 야성이 있어 좀처럼 길들여지지 아니한다는 뜻으로, 신의가 없는 사람은 쉽게 교화할 수 없음을 이르는 말.

예문 그는 호랑지심의 소유자임이 분명하다. 너무 거칠고 강해.

之

조사 **지**

마음 **심**

050

기호지세 騎虎之勢

말탈 **기**, 호랑이 **호**, 조사 **지**, 기세 **세**

> 호랑이를 타고 달리는 형세라는 뜻으로, 이미 시작한 일을 중도에서 그만둘 수 없는 경우를 비유적으로 이르는 말.

호랑이를 타고 달리다가 내리는 순간, 그는 호랑이의 밥이 되고 만다. 따라서 한 번 호랑이 등에 올라타면 호랑이가 지쳐 쓰러질 때까지 내릴 수 없다.
이처럼 한번 시작한 일을 도중에 그만둘 수 없는 상황을 가리킬 때 쓰는 표현이다.

참고표현

기세양난(其勢兩難) : 이럴 수도 없고 저럴 수도 없어 그 형세가 딱함.
낭패불감(狼狽不堪) : 이러지도 저러지도 못하는 어려운 처지에 놓임. 낭패(狼狽)는 '계획한 일이 실패로 돌아가거나 기대에 어긋나 매우 딱하게 됨'을 이르는 표현이다.

예문 어차피 우리는 기호지세의 입장이다. 물러날 곳도 없고 물러나서도 안 된다.

勢

기세 **세**

051

호가호위 狐假虎威

여우 **호**, 빌릴 **가**, 호랑이 **호**, 위엄 **위**

> 여우가 호랑이의 위세를 빌린다는 뜻으로, 남의 권세를 빌려 위세를 부리는 것을 이르는 말.

《전국책》에 나오는 말로 여우가 호랑이의 위세를 빌려 호기를 부린다는 데에서 유래한다.
여우가 앞에 서고 호랑이가 뒤에 서서 가면, 앞에 있던 동물들이 모두 도망친다. 이때 동물들이 도망치는 까닭은 호랑이 때문인데도, 여우가 자기가 두려워 도망치는 것이라고 으스대는 모습을 가리킨다.
우리 속담에도 '대신집 송아지 백정 무서운 줄 모른다'는 게 있다. 또 '사또 덕에 나팔 분다'거나 '포숫집 강아지 범 무서운 줄 모른다'는 속담도 있는데, 모두 비슷한 의미를 갖는다.

참고표현

양호유환(養虎遺患) : 어린 호랑이를 길러서 화근을 남긴다는 뜻으로, 화근이 될 것을 길러서 후에 화를 당하게 됨을 이르는 말.
지금은 귀엽고 별 탈이 없어 보이는 존재도 가만 두면 훗날 큰 화를 불러일으킬 수 있다는 뜻으로 쓴다.

假

빌릴 가

052

호시탐탐 虎視眈眈

호랑이 **호**, 볼 **시**, 노려볼 **탐**, 노려볼 **탐**

> 호랑이가 눈을 부릅뜨고 먹이를 노려본다는 뜻으로, 남의 것을 빼앗기 위하여 형세를 살피며 가만히 기회를 엿봄. 또는 그런 모양.

《주역》에 나오는 말이다. 호랑이가 먹잇감을 노려보는 모습을 가리키는 표현으로, 좋은 기회를 엿볼 때 사용한다. 호랑이가 바라보는 표현은 또 있다.

참고표현

호시우행(虎視牛行) : 호랑이의 눈빛을 간직한 채 소의 걸음으로 감. 시선은 늘 예리하게 유지하면서도 행동은 소처럼 착실하고 끈기 있게 하는 모습을 나타낸다.

예문 마라톤이 중반에 이르자, 그는 호시탐탐 자신이 앞서나갈 기회만 엿보고 있었다.

視

볼 시

053

포호빙하 暴虎馮河

사나울 **포**, 호랑이 **호**, 오를 **빙**, 강 **하**

> 맨손으로 범을 때려잡고 걸어서 황허강[黃河江]을 건넌다는 뜻으로, 용기는 있으나 무모함을 이르는 말.

《논어》〈술이편(述而篇)〉에 나온 말이다. 얼핏 보면 용감한 모습을 나타내는 듯하지만, 실제로는 무모한 행동을 가리키는 표현이다. 이와 비슷하면서도 재미있는 고사성어가 또 있다.

비슷한말

당랑거철(螳螂拒轍) : 제 역량을 생각하지 않고, 강한 상대나 되지 않을 일에 덤벼드는 무모한 행동거지를 비유적으로 이르는 말. 중국 제나라 장공(莊公)이 사냥을 나가는데 사마귀가 앞발을 들고 수레바퀴를 막으려 했다는 데서 유래한다. 《장자》에 나오는 말이다.

예문 지금 그 시장에 뛰어드는 것은 포호빙하에 불과합니다. 당랑거철의 신세가 되지 않으려면 조금 더 기다려야 할 것입니다.

河

강 하

054

자포자기 自暴自棄

스스로 자, 사나울 포, 스스로 자, 버릴 기

| 절망에 빠져 자신을 스스로 포기하고 돌아보지 아니함.

자기 자신에게 화를 내며 포기해 버리는 모습을 가리킨다.
한자 暴는 '포'와 '폭'의 두 가지로 발음한다.
그래서 폭동(暴動-내란에까지 이르지 아니하였으나 집단적 폭력 행위를 일으켜 사회의 안녕과 질서를 어지럽게 하는 일), 폭등(暴騰-물건의 값이나 주가 따위가 갑자기 큰 폭으로 오름), 난폭(亂暴-행동이 몹시 거칠고 사나움)으로 읽기도 하고, 포악(暴惡-사납고 악함), 횡포(橫暴-제멋대로 굴며 몹시 난폭함), 강포(强暴-행동이 몹시 거칠고 사나움)처럼 읽기도 한다.

참고표현

포기(抛棄)
「1」 하려던 일을 도중에 그만두어 버림.
「2」 자기의 권리나 자격, 물건 따위를 내던져 버림.
자포자기와 비슷한 뜻이지만, 한자는 전혀 다르다.

자포자기야말로 젊은이의 가장 큰 적임을 명심해라.

棄

버릴 **기**

055

용두사미 龍頭蛇尾

용 **용**, 머리 **두**, 뱀 **사**, 꼬리 **미**

> 용의 머리와 뱀의 꼬리라는 뜻으로, 처음은 왕성하나 끝이 부진한 현상이나 행동을 이르는 말.

처음에는 용의 머리가 등장하였지만, 나중에는 뱀의 꼬리가 나오는 모습을 가리킨다. 즉, 처음에는 대단한 것처럼 등장했지만, 그 결과는 보잘것없는 현상이나 행동을 이른다.
뱀이 들어가는 표현 가운데 유명한 것이 있다.

참고표현

사족(蛇足) : 뱀을 다 그리고 나서 있지도 아니한 발을 덧붙여 그려 넣는다는 뜻으로, 쓸데없는 군짓을 하여 도리어 잘못되게 함을 이르는 말.

예문 너는 하는 일마다 용두사미가 되고 마니, 어찌 된 일이니?

尾

꼬리 미

056

화룡점정 畫龍點睛

그림 **화**, 용 **룡**, 점 **점**, 눈동자 **정**

> 용을 그린 뒤 눈동자 점을 찍었다는 뜻으로, 무슨 일을 하는 데에 가장 중요한 부분을 완성함을 비유적으로 이르는 말.

용을 그리고 난 후에 마지막으로 눈동자를 그려 넣었더니 그 용이 살아나서 홀연히 구름을 타고 하늘로 날아 올라갔다는 고사에서 유래한다.
중국 남북조시대(420-589)에 활동한 장승요라는 사람이 안락사라는 절 벽에 용을 그렸는데, 그 용에 눈이 없었다. 이를 이상하게 여긴 사람들이 "왜 용에 눈이 없습니까?" 하고 묻자, 장승요가 "눈을 그려 넣으면 용이 하늘로 날아가 버릴 것입니다." 하고 답했다는 이야기가 전해 온다.

예문 이번 일의 성공은 너의 삶에 화룡점정임이 분명하다. 정말 축하한다.

畫

그림 화

057

독안룡 獨眼龍

홀로 **독**, 눈 **안**, 용 **룡**

| 애꾸눈의 용이라는 뜻으로, 애꾸눈을 가진 영웅을 이르는 말.

중국 당나라 희종 말년(873), 황소의 난이 일어나자 애꾸눈인 이극용이 황소의 부대를 맹렬히 공격하여 장안에서 몰아냈다는 데에서 유래한다.

독(獨)은 '홀로, 외로움' 등을 나타내는 글자로, 독점(獨占-혼자서 모두 차지함), 독학(獨學-스승이 없이, 또는 학교에 다니지 아니하고 혼자서 공부함), 유독(惟獨-많은 것 가운데 홀로 두드러지게) 같은 단어에 쓴다.

참고표현

유아독존(唯我獨尊) : 세상에서 자기 혼자 잘났다고 뽐내는 태도.

독불장군(獨不將軍) : 무슨 일이든 자기 생각대로 혼자서 처리하는 사람.

예문 너는 눈은 두 개이지만 문화계의 독안룡임이 분명하다.

眼

눈 안

獨

홀로 독

058

어변성룡 魚變成龍

물고기 **어**, 변할 **변**, 될 **성**, 용 **룡**

> 물고기가 변하여서 용이 된다는 뜻으로, 아주 곤궁하던 사람이 부귀를 누리게 되거나 보잘것없던 사람이 큰 인물이 됨을 이르는 말.

한자 '용(龍)'은 고대로부터 동양에서 임금, 또는 크게 성공했거나 뛰어난 인물을 가리킬 때 자주 사용하였다. 그래서 임금이 앉는 자리를 용좌(龍座), 임금이 타는 배를 용주(龍舟), 임금이 타던 수레를 용거(龍車), 임금이 입던 정복을 곤룡포(袞龍袍)라고 불렀다.

참고표현

용호상박(龍虎相搏) : 용과 범이 서로 싸운다는 뜻으로, 강자끼리 서로 싸움을 이르는 말.

운룡풍호(雲龍風虎) : 구름을 타고 하늘로 오르는 용과 바람을 타고 달리는 범이라는 뜻으로, 의기와 기질이 서로 맞거나, 뛰어난 임금이 현명한 신하를 얻음을 이르는 말.

魚

물고기 어

雲

구름 운

059

계구우후 鷄口牛後

닭 **계**, 입 **구**, 소 **우**, 뒤 **후**

> 닭의 주둥이와 소의 꼬리라는 뜻으로, 큰 단체의 꼴찌보다는 작은 단체의 우두머리가 되는 것이 오히려 나음을 이르는 말.

《전국책(戰國策)》과《사기》에 나오는 말이다. '닭의 머리가 될지언정 소의 꼬리는 되지 말라'라는 뜻이다.

닭을 뜻하는 글자 계(鷄)가 들어가는 고사성어 가운데 유명한 것이 있다.

참고표현

계륵(鷄肋) : 닭의 갈비라는 뜻으로, 그다지 큰 소용은 없으나 버리기에는 아까운 것을 이르는 말.《후한서(後漢書)》에 나오는 말이다.

요즘은 닭갈비를 이용한 요리도 유명하지만, 옛날에는 닭갈비는 별 쓸모가 없었던 데서 유래한 표현이다.

예문 젊은이라면 계구우후라는 표현을 잊지 말아야 한다.

後

뒤 후

060

계란유골 鷄卵有骨

닭 **계**, 알 **란**, 있을 **유**, 뼈 **골**

> 달걀에도 뼈가 있다는 뜻으로, 운수가 나쁜 사람은 모처럼 좋은 기회를 만나도 역시 일이 잘 안됨을 이르는 말.

좋은 달걀을 먹으려고 깠는데, 그 안에서 뼈가 나오면 낭패일 수밖에 없다. 그처럼 운이 나쁘면 좋은 일조차 장애물이 나타나 어렵게 변함을 이르는 표현이다.
우리 속담에도 '안 되는 놈은 뒤로 넘어져도 코가 깨진다'는 표현이 있는데, 같은 의미를 갖는다.
란(卵)은 '알'을 뜻하는 글자로, 명란(明卵-명태의 알), 계란(鷄卵-달걀), 어란(魚卵-물고기 알) 등에 쓴다.
참고로 창난젓은 '명태의 창자에 소금, 고춧가루 따위의 양념을 쳐서 담근 것'으로, 창란젓은 틀린 표기다.

예문 계란유골도 유분수지, 일이 될 만하면 꼭 장애물이 나타나고 마네그려.

卵
알 란

骨
뼈 골

061

계명구도 鷄鳴狗盜

닭 **계**, 울 **명**, 개 **구**, 훔칠 **도**

> 비굴하게 남을 속이는 하찮은 재주 또는 그런 재주를 가진 사람을 이르는 말. 하잘것없는 재주도 쓸 곳이 있다는 의미로도 씀.

고대 중국 전국 시대에, 제나라의 유명한 맹상군이 진(秦)나라를 방문했다가 소왕(昭王)에게 사로잡혀 죽게 되었다. 이에 소왕의 애첩에게 뇌물을 주고 탈출하자는 의견이 나왔다. 그러자 맹상군을 따라 온 식객(예전에, 세력 있는 대갓집에 얹혀 있으면서 문객 노릇을 하던 사람) 가운데 개처럼 행동하면서 남의 물건을 잘 훔치는 사람이, 애첩이 좋아하는 물건을 훔쳐 냈다. 그렇게 해서 훔친 물건을 애첩에게 바친 후 풀려난 맹상군 일행은 국경을 넘고자 했다. 그러나 새벽이 오지 않아 국경 문이 열리지 않았다. 이에 닭의 울음소리를 잘 흉내 내는 식객이 닭소리를 내자, 새벽이 온 걸로 착각한 병사들이 국경 문을 열어 무사히 풀려날 수 있었다는 데서 유래한다.

예문 계명구도라는 말이 있듯이, 지도자라면 아무리 사소한 능력을 가진 사람도 업신여겨서는 안 된다.

盜

훔칠 도

062 할계언용우도 割鷄焉用牛刀

나눌 **할**, 닭 **계**, 어찌 **언**, 쓸 **용**, 소 **우**, 칼 **도**

> 닭을 자르는 데 어찌 소를 잡는 칼을 쓰겠는가? 사소한 일에 터무니도 없이 거창한 수단이나 힘을 동원하는 모습을 이르는 말.

닭을 손질할 때는 작은 칼이면 족한데도, 소 잡을 때 쓰는 칼을 뽑아 든 모습을 가리키는 표현이다.
언(焉)은 '어찌'라는 의문사를 가리키는 한자다.

참고표현

언감생심(焉敢生心) : 어찌 감히 그런 마음을 품을 수 있겠냐는 뜻으로, 전혀 그런 마음이 없음을 이르는 말.

비슷한말

견문발검(見蚊拔劍) : 모기를 잡기 위해 칼을 뺀다는 뜻으로, 사소한 일에 크게 성내어 덤빔을 이르는 말.

割

나눌 할

刀

칼 도

063 태산북두 泰山北斗

클 태, 산 산, 북녘 북, 별이름 두

> 태산과 북두칠성을 아울러 이르는 말로, 세상 사람들로부터 존경받는 사람을 비유적으로 이르는 말.

예전 고대 중국에서는 땅 위에서는 태산(泰山)을 가장 높고 웅장한 산으로 여겼고, 하늘에서는 북두칠성을 가장 빛나는 별로 여겼다. 위 표현은 하늘과 땅에서 가장 뛰어난 인재를 태산과 북두칠성에 비유한 것이다.

참고표현

태산준령(泰山峻嶺) : 큰 산과 험한 고개.

예문 우리 스승님이야말로 태산북두시지. 학계의 모든 사람들이 존경과 찬사를 보내고 있거든.

山

산 산

嶺

고개 령

064

교각살우 矯角殺牛

고칠 교, 뿔 각, 죽일 살, 소 우

> 소의 뿔을 바로잡으려다가 소를 죽인다는 뜻으로, 잘못된 점을 고치려다가 그 방법이나 정도가 지나쳐 오히려 일을 그르침을 이르는 말.

우리 속담에 '빈대 잡으려다 초가삼간 다 태운다'는 것이 있는데, 그와 비슷한 표현이다.

교(矯)는 '바로잡는다, 고친다'라는 뜻으로, 교정(矯正-교도소나 소년원 따위에서 재소자의 잘못된 품성이나 행동을 바로잡음), 교도소(矯導所-행형(行刑) 사무를 맡아보는 기관. 징역형이나 금고형, 노역장 유치나 구류 처분을 받은 사람, 재판 중에 있는 사람 등을 수용하는 시설이다) 같은 단어에 사용한다.

예문 사소한 문제에 집착하지 말거라. 그런 것까지 고치려고 아옹다옹하다가 교각살우의 잘못을 저지를 수도 있다.

角

뿔 각

導

이끌 도

065 군계일학 群鷄一鶴

무리 **군**, 닭 **계**, 한 **일**, 학 **학**

> 닭의 무리 가운데 존재하는 한 마리 학이란 뜻으로, 많은 사람 가운데서 뛰어난 인물을 이르는 말.

《진서(晉書)》에 나오는 말이다. 군계일학처럼 뛰어난 모습을 가리킬 때 사용하는 단어로는, 출중(出衆-여러 사람 가운데 특별히 두드러짐), 발군(拔群-여럿 가운데에서 특별히 뛰어남), 압권(壓卷-여럿 가운데 가장 뛰어난 것) 등이 있다.

비슷한말

백미(白眉) : 흰 눈썹이라는 뜻으로, 여럿 가운데에서 가장 뛰어난 사람이나 훌륭한 물건을 비유적으로 이르는 말.
중국 촉한(蜀漢) 때 마씨(馬氏) 다섯 형제가 모두 재주가 있었는데, 그중에서도 눈썹 속에 흰 털이 난 마량(馬良)이 가장 뛰어났다는 데서 유래한다.

예문 저 선수는 높이뛰기에서는 군계일학입니다.

群

무리 군

卷

쇠뇌 권

066

학수고대 鶴首苦待

학 **학**, 머리 **수**, 괴로울 **고**, 기다릴 **대**

학의 목처럼 목을 길게 빼고 간절히 기다림.

학이 목을 길게 뺀 채 먼 곳을 바라보며 무언가를 기다리는 모습에서 유래한 표현이다.
속담에 '대한(大旱)에 비 바라듯 한다'는 게 있는데, 이때 대한(大旱)은 '큰 가뭄'을 가리킨다.
또 '굿에 간 어미 기다리듯 한다'는 표현도 있는데, 배가 고픈 나머지 남은 음식을 가져오기 위해 굿판에 간 엄마를 기다리는 아이의 모습을 가리킨다.

참고표현

대한자우(大旱慈雨) : 큰 가뭄 끝에 내리는 고마운 비.

예문 어머니께서는 딸이 귀국하는 날만을 학수고대하고 계신다.

首

머리 수

待

기다릴 대

067

견마지로 犬馬之勞

개 **견**, 말 **마**, 조사 **지**, 힘쓸 **로**

> 개나 말 정도의 하찮은 힘이라는 뜻으로, 윗사람에게 충성을 다하는 자신의 노력을 낮추어 이르는 말.

견마지로는 하찮은 힘을 뜻하지만, 실제로는 자신이 가진 모든 힘을 다해 충성을 다하겠다는 뜻으로 쓴다.

개를 뜻하는 한자로는 견(犬)과 구(狗)의 두 가지를 쓴다. 충견(忠犬-충성스러운 개), 명견(名犬-품종이 뛰어난 개)처럼 견(犬)은 주로 살아 있는 생명으로서의 개를 뜻하는 데 비해, 구(狗)는 구피(狗皮-개가죽), 구황(狗黃-개의 쓸개 속에 든 결석을 한방에서 이르는 말)처럼 죽은 상태의 개를 가리킬 때 주로 사용한다.

비슷한말

견마지심(犬馬之心) : 개나 말이 주인을 위하는 마음이라는 뜻으로, 신하나 백성이 임금이나 나라에 충성하는 마음을 낮추어 이르는 말.

犬

개 견

힘쓸 로

068

양두구육 羊頭狗肉

양 **양**, 머리 **두**, 개 **구**, 고기 **육**

> 양의 머리를 걸어 놓고 개고기를 판다는 뜻으로, 겉보기만 그럴듯하게 보이고 속은 변변하지 아니함을 이르는 말.

중국 춘추 시대에, 제나라 영공은 온갖 퇴폐적인 향락을 즐겼다.
그러자 백성들 또한 궁정에서 행하는 짓을 서슴지 않았다.
이에 영공은 그런 짓을 하지 못하도록 금하였으나, 백성들은 여전히 그런 짓을 즐겼다.
그러자 영공이 재상 안영에게 자문을 구했다. 이에 안영이 대답했다.
"지금 전하께서는 궁정에서는 즐기는 일을 궁 밖에서는 금하셨습니다. 이는 밖에는 양 머리를 걸어 놓고 안에서는 개고기를 파는 것과 같으니 누구도 받아들이지 않을 것입니다."
우리 속담에 '겉 다르고 속 다르다'는 게 있는데, 그와 비슷한 뜻을 갖는다.

예문 그가 하는 행동이야말로 양두구육에 불과해. 그러니 누굴 설득하겠나?

羊

양 **양**

肉

고기 **육**

069

구밀복검 口蜜腹劍

입 **구**, 꿀 **밀**, 배 **복**, 칼 **검**

> 입에는 꿀을 머금고 있지만, 배 속에는 칼을 품고 있다는 뜻으로, 겉으로는 친한 듯하나 속으로는 해칠 생각이 있음을 이르는 말.

구밀복검은 매우 무서운 음모를 꾸미고 있는 모습을 가리킬 때 사용하는 표현이다.

우리 속담에 '믿는 도끼에 발등 찍힌다'는 것이 있는데, 구밀복검은 그런 일을 당하기 좋을 때 사용한다.

비슷한말

면종복배(面從腹背) : 겉으로는 복종하는 체하면서 내심으로는 배반함.

예문 지금과 같은 변혁기에는 구밀복검의 태도를 간직한 자들이 곳곳에 자리하고 있을 것이다.

口

입 구

劍

칼 검

070

권상요목 勸上搖木

권할 **권**, 위 **상**, 흔들 **요**, 나무 **목**

> 나무에 오르게 한 다음 흔든다는 뜻으로, 남을 부추겨 놓고 낭패를 보도록 방해함을 이르는 말.

상대방에게 나무 위로 오르게 권한 다음, 나무를 흔드는 좋지 못한 행동을 가리키는 표현이다.
이와 비슷한 표현은 또 있다.

비슷한말

등루거제(登樓去梯) : 다락에 오르게 하고 사다리를 치운다는 뜻으로, 사람을 꾀어서 어려운 처지에 빠지게 함을 비유적으로 이르는 말.

예문 여러 사람의 추천으로 그 자리에 올랐지만, 그 후 나는 권상요목의 처지에 빠지고 말았다.

木 一 十 才 木

나무 목

去 一 十 土 去 去

갈 거

071

표리부동 表裏不同

겉 **표**, 안 **리**, 아니 **불**, 같을 **동**

겉으로 드러나는 언행과 속으로 가지는 생각이 다름.

겉과 속이 다른 사람이나 행동을 가리킬 때 쓰는 표현으로, 음흉한 인간이나 배신자를 가리킨다고 하겠다.

앞서 살펴본 구밀복검(口蜜腹劍)과 비슷한 뜻이다.

표(表)는 '겉'을 가리키는 반면, 리(裏)는 '안쪽, 속'을 가리킨다.

반대말

표리상응(表裏相應) : 안팎에서 서로 손이 맞음.

표리일체(表裏一體) : 안팎이 한 덩어리가 된다는 뜻으로, 두 가지 사물의 관계가 밀접하게 됨을 이르는 말.

예문 아무리 표리부동한 인간이라고 해도 그렇게 배신하다니!

表

겉 표

裏

안 리

072

이전투구 泥田鬪狗

진흙 이, 밭 전, 싸울 투, 개 구

> 자기의 이익을 위하여 비열하고 지저분하게 다툼을 비유적으로 이르는 말.

진흙탕 속에서는 걷기만 해도 온몸이 지저분해지기 마련이다. 하물며 그곳에서 싸우면 양측 모두 더럽고 지저분해질 수밖에 없다.
이전투구는 이처럼, 질서도 없고 명분도 없이 서로 이익을 다투며 치고받고 싸우는 모습을 가리키는 표현이다.
이(泥)는 '진흙'을 가리키는 글자로, 본래 소리는 '니'이다.

참고표현

운니지차(雲泥之差) : 구름과 진흙의 차이라는 뜻으로, 서로 간의 차이가 매우 심함을 이르는 말.

예문 화학업계에서 벌어지고 있는 이전투구를 보면 나라의 이익은 뒷전이고, 자기들만 살겠다는 이기적 태도를 확인할 수 있다.

泥

진흙 니

田

밭 전

073

견원지간 犬猿之間

개 **견**, 원숭이 **원**, 조사 **지**, 사이 **간**

> 개와 원숭이의 사이라는 뜻으로, 사이가 매우 나쁜 두 관계를 비유적으로 이르는 말.

우리에게는 낯선 동물인 원숭이와 개 사이가 그렇게 나쁜지 알 수 없지만, 둘 사이가 매우 나쁠 때 사용하는 표현이다.

원(猿)은 '원숭이'를 뜻하는 글자인데, 유인원(類人猿-긴팔원숭잇과와 성성잇속에 속하는 포유류를 통틀어 이르는 말) 같은 단어에 사용한다.

개는 원숭이뿐 아니라 토끼와도 사이가 좋지 않은 듯하다. 다음과 같은 표현이 있는 것을 보면.

참고표현

견토지쟁(犬免之爭) : 개와 토끼의 다툼이라는 뜻으로, 두 사람의 싸움에 제삼자가 이익을 봄을 이르는 말.

예문 철규와 현수는 견원지간이라, 두 사람을 화해시키는 일은 어려울 것이다.

間

사이 간

074

교토삼굴 狡免三窟

교활할 **교**, 토끼 **토**, 석 **삼**, 굴 **굴**

> 교활한 토끼는 세 개의 숨을 굴을 파 놓는다는 뜻으로, 사람이 교묘하게 잘 숨어 재난을 피함을 이르는 말.

교토삼굴은 얼핏 보면 잔머리를 잘 굴린다는 뜻과 비슷한데, 어려움을 잘 피해 나가는 능력을 갖춘 사람을 가리킬 때 자주 사용한다. 《별주부전》에 나오듯이 동양에서는 토끼를 재주가 많은 동물로 여기는 까닭에, 이런 표현도 생겼다.

참고표현

탈토지세(脫兎之勢) : 우리를 빠져나가 달아나는 토끼의 기세라는 뜻으로, 매우 빠르고 날랜 기세를 이르는 말.

예문 교토삼굴이라는 말도 모르느냐? 어려운 상황일수록 실패했을 때의 대책도 세워 놓아야 한다.

脫

벗을 **탈**

075

수주대토 守株待兎

지킬 **수**, 나무그루 **주**, 기다릴 **대**, 토끼 **토**

> 나무 그루터기를 지키며 토끼를 기다린다는 뜻으로, 한 가지 일에만 얽매여 발전을 모르는 어리석은 사람을 비유적으로 이르는 말.

중국 송나라의 한 농부가 우연히 나무 그루터기에 토끼가 부딪쳐 죽은 것을 잡은 후, 또 그와 같이 토끼를 잡을까 하여 일도 하지 않고 그루터기만 지키고 있었다는 데서 유래한다.《한비자》에 나오는 말이다.

수주대토(守株待兎)는 게으른 데다 우둔하기까지 한 행동을 가리키는 표현인데, 이와 비슷한 표현이 또 있다.

비슷한말

각주구검(刻舟求劍) : 융통성 없이 현실에 맞지 않는 낡은 생각을 고집하는 어리석음을 이르는 말. 초나라 사람이 배에서 칼을 물속에 떨어뜨리고 그 위치를 뱃전에 표시하였다가 나중에 배가 움직인 것을 생각하지 않고 표시한 그곳에서 칼을 찾아 헤맸다는 데서 유래한다.
《여씨춘추》〈찰금편(察今篇)〉에 나오는 말이다.

守

지킬 수

株

그루 주

076

교주고슬 膠柱鼓瑟

붙일 **교**, 기둥 **주**, 북 **고**, 거문고 **슬**

> 아교풀로 비파나 거문고의 기러기발을 붙여 놓으면 음조를 바꿀 수 없다는 뜻으로, 고지식하여 조금도 융통성이 없음을 이르는 말.

《사기》〈인상여전(藺相如傳)〉에 나오는 말이다. 기러기발(거문고, 가야금, 아쟁 따위의 줄을 고르는 기구. 단단한 나무로 기러기의 발 모양과 비슷하게 만들어서 줄의 밑에 괴고, 이것을 위아래로 움직여 줄의 소리를 고른다)이 튼튼해야 현악기의 줄을 골라 정확한 음을 낼 수 있다. 하지만 기러기발을 아교풀로 붙여 놓으면 금세 떨어져 그 역할을 할 수 없는데도, 그렇게 일을 처리하는 우둔하고 고지식한 사람이나 행동을 가리킨다.

참고표현

남대문입납(南大門入納) : 남대문에 편지를 보낸다는 뜻. 즉, 정확한 주소도 모른 채 편지를 띄우듯, 허황된 방식으로 목적을 이루려는 모습을 가리킨다.

柱

기둥 주

077

탁상공론 卓上空論

탁자 **탁**, 위 **상**, 빌 **공**, 논할 **논**

> 탁자 위에서 말로 주고받으며 이론을 만든다는 뜻으로, 현실성이 없는 허황한 이론이나 논의를 가리키는 말.

현실과는 동떨어진 이론을 탁상 위에서 말로 주고받는 모습을 나타낸다.
이와 비슷한 표현은 또 있다.

비슷한말

공리공론(空理空論) : 실천이 따르지 아니하는, 헛된 이론이나 논의.
공리공담(空理空談) : 아무 소용이 없는 헛된 말.
지상담병(紙上談兵) : 종이 위에서 군사를 논함. 즉, 이론에만 밝을 뿐 실제 능력이 부족함을 이르는 말.

예문 언제까지 탁상공론만 늘어놓을 셈이냐?

卓

탁자 탁

空

빌 공

078

실사구시 實事求是

열매 **실**, 일 **사**, 구할 **구**, 옳을 **시**

사실에 토대를 두고 진리를 탐구하는 일.

앞서 살펴본 공리공론(空理空論)과 반대되는 개념으로, 철학 용어로도 자주 사용한다. 정확한 고증을 바탕으로 하는 과학적·객관적 학문 태도를 가리키는데, 중국 청나라 고증학의 학문 태도에서 볼 수 있다. 조선 시대 실학파의 학문에 큰 영향을 주었다.

비슷한말

무실역행(務實力行) : 참되고 실속 있도록 힘써 실행함.

예문 조선 후기 뜻있는 선비들은 실사구시의 학풍을 널리 퍼뜨리기 시작했다.

事

일 **사**

是

옳을 **시**

079

천고마비 天高馬肥

하늘 **천**, 높을 **고**, 말 **마**, 살찔 **비**

> 하늘은 높고 말이 살찐다는 뜻으로, 하늘이 맑아 높푸르게 보이고 온갖 곡식이 익는 가을철을 이르는 말.

가을의 풍요로움을 나타내는 표현으로, 추고마비(秋高馬肥)라고도 한다.
가을은 계절 가운데 가장 좋은 때인 까닭에 이를 나타내는 표현도 다양하다.

참고표현

장장추야(長長秋夜) : 기나긴 가을밤.
춘풍추우(春風秋雨) : 봄바람과 가을비라는 뜻으로, 지나간 세월을 이르는 말.
추호(秋毫)
「1」 가을철에 털갈이하여 새로 돋아난 짐승의 가는 털.
「2」 매우 적거나 조금인 것을 비유적으로 이르는 말.
중추가절(仲秋佳節) : 음력 팔월 보름의 좋은 날이라는 뜻으로, 추석을 달리 이르는 말.

高

높을 고

080

주마가편 走馬加鞭

달릴 주, 말 마, 더할 가, 채찍 편

> 달리는 말에 채찍질한다는 뜻으로, 잘하는 사람을 더욱 장려함을 이르는 말.

'칭찬은 고래도 춤추게 한다'라는 말이 있듯이, 오늘날은 질책보다는 칭찬을 중시하는 듯하다.
하지만 과거에는 달리는 말에게 더 잘 달리도록 채찍을 휘두른다는 표현이 있을 만큼, 칭찬보다는 끊임없는 노력을 요구했다.

참고표현

주마간산(走馬看山) : 달리는 말 위에서 산천을 구경한다는 뜻으로, 자세히 살피지 아니하고 대충대충 보고 지나감을 이르는 말.

예문 내가 너를 질책하는 것은 주마가편일 뿐이니, 좌절하지 말고 더욱 열심히 연구해야 한다.

走

달릴 주

看

볼 간

081

수서양단 首鼠兩端

머리 **수**, 쥐 **서**, 두 **양**, 끝 **단**

> 쥐구멍에서 머리를 내밀고 나갈까 말까 망설이는 쥐라는 뜻으로, 머뭇거리며 진퇴나 거취를 정하지 못하는 상태를 이르는 말.

단(端)은 '바르다, 곧다'라는 뜻과 함께 '끝, 극단'이라는 뜻도 가지고 있다. 그래서 최북단(最北端), 한반도 남단(南端) 같은 단어에 사용한다.
수서양단(首鼠兩端)은 쥐가 구멍에서 양쪽 이곳저곳을 살피는 모습을 나타낸다. 서(鼠)는 '쥐'를 가리키는 글자여서, 우리 조상들은 쥐를 서생원(鼠生員)이라고 부르기도 하였다.

참고표현

궁서설묘(窮鼠囓猫) : 궁지에 몰린 쥐가 고양이를 문다는 뜻으로, 궁지에 몰리면 약자라도 강자에게 필사적으로 반항함을 이르는 말.

예문 수서양단도 유분수지, 아직도 어떻게 할지 결정하지 못한 채 망설이기만 하다니!

首

머리 수

兩

두 양

082

좌고우면 左顧右眄

왼 좌, 돌아볼 고, 오른 우, 곁눈질할 면

이쪽저쪽을 돌아본다는 뜻으로, 앞뒤를 재고 망설임을 이르는 말.

결정을 못 내린 채 이리저리 눈치를 보는 모습을 가리키는 표현으로, 수서양단(首鼠兩端)과도 서로 통한다.
이 외에도 결정을 앞두고 망설이는 모습을 나타내는 표현은 또 있다.

비슷한말

우유부단(優柔不斷) : 어물어물 망설이기만 하고 결단성이 없음.
우왕좌왕(右往左往) : 이리저리 왔다 갔다 하며 일이나 나아가는 방향을 종잡지 못함.

예문 한 번 뜻을 세웠으면 좌고우면하지 말고 힘차게 밀고 나가거라.

左

왼 좌

右

오른 우

083

확고부동 確固不動

굳을 **확**, 굳을 **고**, 아니 **불**, 움직일 **동**

| 튼튼하고 굳어 흔들림이 없음.

앞서 살펴본 수서양단(首鼠兩端)이나 좌고우면(左顧右眄)과는 달리 결정이나 신념이 워낙 강해 결코 흔들리지 않는 모습을 가리킨다. 요지부동(搖之不動-흔들어도 꼼짝하지 아니함) 역시 흔들리지 않는 것은 마찬가지이지만, 뉘앙스는 약간 다르다. 확고부동이 신념이 강한 느낌이라면, 요지부동은 고집이 센 느낌이다.

비슷한말

확고불발(確固不拔) : 튼튼하고 굳어 흔들림이 없음.

예문 제 뜻은 확고부동합니다. 반드시 이 길로 나아가 성공하고야 말겠습니다.

確

굳을 확

固

굳을 고

084 지록위마 指鹿爲馬

가리킬 **지**, 사슴 **록**, 될 **위**, 말 **마**

윗사람을 농락하여 권세를 마음대로 함을 이르는 말.

중국 진(秦)나라 때 천하통일에 성공한 진시황은 세상을 떠나며 맏아들 부소를 후계자로 지명하나, 환관 조고는 계략을 세워 그를 죽인 후 둘째아들 호해를 황제로 옹립한다. 그런 다음 조고(趙高)는 스스로 황제에 오르기 위해 호해를 허수아비로 만들 계책을 세우는데, 이를 가리켜 지록위마(指鹿爲馬)라고 한다.
즉, 조고는 많은 사람들 앞에서 황제에게, 사슴을 가리키며 말이라고 한다. 그러자 조고의 권력을 두려워한 사람들 역시 말이라고 주장하고, 이에 호해는 자신의 판단력이 잘못된 것이 아닐까 의문을 품으며 스스로 정사에서 손을 뗀다. 그러나 조고는 그 정도로 만족하지 않고 호해를 죽인 후 자신이 권력을 쥐게 된다.
하지만 진나라는 이미 멸망의 길로 들어선 상태였고, 결국 한나라가 건국되기에 이른다.

비슷한말

기군망상(欺君罔上) : 임금을 속임.

예문 지금 조정에서는 지록위마의 전횡이 도를 넘고 있습니다.

馬

말 마

085

중원축록 中原逐鹿

가운데 **중**, 들판 **원**, 쫓을 **축**, 사슴 **록**

> 넓은 들판 한가운데서 사슴을 쫓는다는 뜻으로, 군웅(群雄)이 제왕의 지위를 얻으려고 다투는 일을 이르는 말.

사슴을 가리키는 한자 록(鹿)이 들어가는 또 다른 표현으로, 사슴 사냥을 권력 투쟁에 비유하였다. 이때 중원은 천하를, 사슴은 제왕을 가리킨다.

줄여서 축록(逐鹿)이라고 해도 같은 뜻이다.

비슷한말

각축(角逐) : 서로 이기려고 다투며 덤벼듦.

예문 대통령이 물러나자 수많은 정치인들이 중원축록에 나서기 시작했다.

中

가운데 중

原

들판 원

086

이하부정관 李下不整冠

자두나무 **리**, 아래 **하**, 아니 **불**, 정돈할 **정**, 갓 **관**

> 자두나무 밑에서는 갓을 만지지 않는다는 뜻으로, 남에게 의심 살 만한 일은 피하는 것이 좋다는 말.

《문선(文選)》의 〈군자행(君子行)〉에 나오는 말이다. 자두나무 밑에서 갓을 고쳐 쓰면 도둑으로 오인되기 쉬우니, 남에게 의심 살 만한 행동은 하지 않는 것이 좋다. 이와 비슷한 뜻을 갖는 표현이 하나 더 있는데, 두 표현은 함께 등장하는 경우가 많다.

비슷한말

과전불납리(瓜田不納履) : 참외밭에서는 신을 고쳐 신지 말라는 뜻으로, 의심받기 쉬운 행동은 하지 말아야 함을 이르는 말. 이하부정관(李下不整冠)과 같은 책에 나온다.

예문 나라의 살림살이를 맡은 공직자라면, 이하부정관이나 과전불납리 같은 오해받을 행동을 해서는 안 된다.

李

자두나무 **이**

087

오합지졸 烏合之卒

까마귀 **오**, 합할 **합**, 조사 **지**, 병졸 **졸**

> 까마귀가 모인 것처럼 질서가 없이 모인 병졸이라는 뜻으로, 임시로 모여들어서 규율이 없고 무질서한 병졸 또는 군중을 이르는 말.

오합지중(烏合之衆)도 같은 뜻이다.
새를 뜻하는 한자 조(鳥)와 까마귀를 가리키는 한자 오(烏)는 매우 비슷해서 혼동을 일으키기 쉽다.
오(烏)가 들어가는 표현 가운데 유명한 것이 있다.

참고표현

오비이락(烏飛梨落) : 까마귀 날자 배 떨어진다는 뜻으로, 아무 관계도 없이 한 일이 공교롭게도 때가 같아 억울하게 의심을 받거나 난처한 위치에 서게 됨을 이르는 말.

예문 적군은 오합지졸에 불과하다. 용감히 앞으로 나아가면 승리는 반드시 우리 것이다!

鳥

새 조

合

합할 **합**

088

구상유취 口尙乳臭

입 **구**, 더욱 **상**, 젖 **유**, 냄새 **취**

입에서 아직 젖내가 난다는 뜻으로, 말이나 행동이 유치함을 이르는 말.

아기들 곁에 가면 묘한 냄새가 나는데, 그것이 젖내다. 따라서 젖내가 나면 아직 어린 아기인 셈이다.

우리 속담 '하룻강아지 범 무서운 줄 모른다'에 해당한다고 할 수 있다. 같은 뜻을 갖는 다른 표현도 있다.

비슷한말

황구유취(黃口乳臭) : 젖내 나는 어린아이같이 어려서 아직 젖비린내가 난다는 뜻으로, 어리고 하잘것없음을 비난조로 이르는 말.

예문 자네는 아직 구상유취의 존재일 뿐이야. 조금 더 공부하고 신중해야 하네.

乳

젖 유

089 춘치자명 春雉自鳴

봄 춘, 꿩 치, 스스로 자, 울 명

> 봄철의 꿩이 스스로 운다는 뜻으로, 제 허물을 제 스스로 드러냄으로써 남이 알게 된다는 말.

봄이 되어 사냥에 나선 사냥꾼들 앞에서 꿩이 스스로 울어 정체를 드러내는 모습을 가리킨다.
이 표현은 누가 시키거나 요구하지 않아도 스스로 행동할 때도 쓰는데, 전혀 다른 두 뜻을 품고 있는 셈이다.
자명(自鳴)은 '저절로 운다'는 뜻으로, 정해 놓은 시각이 되면 소리를 내는 시계를 가리켜 자명종(自鳴鐘) 시계라고 한다.

예문 그녀석이 얼마나 어설픈 놈인지는 한두 번 구슬리자마자 조직의 비밀을 춘치자명으로 고하는 것만 보아도 알 수 있었지.

春

봄 춘

自

스스로 자

090

소탐대실 小貪大失

작을 소, 탐할 탐, 큰 대, 잃을 실

| 작은 것을 탐하다가 큰 것을 잃음.

눈앞의 작은 것을 욕심내다가 큰 것을 잃는 경우는 실생활에서 자주 볼 수 있다.

그래서 이와 관련된 표현이 또 있다.

비슷한말

갈택이어(竭澤而漁) : 연못의 물을 말려 버린 후 물고기를 잡음. 눈앞의 이익을 얻기 위해 먼 장래의 이익을 버리는 모습을 가리킨다.

예문 내가 지나고 보니 젊은 시절에는 소탐대실하는 경우가 너무 많았던 것이 후회가 된다.

大

큰 대

失

잃을 실

091

지어지앙 池魚之殃

연못 **지**, 물고기 **어**, 조사 **지**, 재앙 **앙**

> 재앙이 못의 물고기에 미친다는 뜻으로, 제삼자가 엉뚱하게 재난을 당함을 이르는 말.

성문(城門)에 난 불을 끄려고 못의 물을 전부 퍼 온 탓으로 그 못의 물고기가 말라 죽었다는 고사에서 유래한다.
연못의 물이 마른 원인은 갈택이어와 다르다. 하지만 결과는 똑같이 물고기가 다 사라진 모습을 가리킨다.

비슷한말

앙급지어(殃及池魚) : 재앙이 못의 물고기에 미친다는 뜻으로, 제삼자가 엉뚱하게 재난을 당함을 이르는 말.

예문 자칫하면 우리와 아무런 관계도 없는 사람에게 지어지앙의 결과를 가져올 수도 있어. 그러니 남에게 피해를 주지 않도록 조심에 조심을 거듭하자.

池

연못 **지**

092

어부지리 漁父之利

고기 잡을 **어**, 아버지 **부**, 조사 **지**, 이득 **리**

> 두 사람이 이해관계를 다투며 서로 싸우는 사이에 엉뚱한 사람이 애쓰지 않고 가로챈 이익을 이르는 말.

도요새가 무명조개의 속살을 먹으려고 부리를 조가비 안에 넣는 순간 무명조개가 껍데기를 꽉 다물고 부리를 안 놔주자, 서로 다투는 틈을 타서 어부가 둘 다 잡아 이익을 얻었다는 데서 유래한다.
양측의 다툼 속에서 제3자가 우연히 얻게 되는 이익을 가리키는 표현이다.
어(漁)는 '고기 잡을 어'로, 어부(漁父), 어민(漁民), 어업(漁業), 어선(漁船) 등에 사용한다.
반면에 어(魚)는 '물고기 어'로, 어족(魚族) 자원, 어시장(魚市場), 양어장(養魚場), 광어(廣魚) 등에 사용한다.

예문 두 나라가 싸우면 우리가 어부지리할 수 있으니, 가만히 두고 보자고.

父

아버지 부

民

백성 민

093

오리무중 五里霧中

다섯 **오**, 거리 **리**, 안개 **무**, 가운데 **중**

> 오 리나 되는 짙은 안개 속에 있다는 뜻으로, 무슨 일에 대하여 방향이나 갈피를 잡을 수 없음을 이르는 말.

《후한서》에 나오는 말이다.
도저히 해결 방안을 찾을 수 없는 경우에 자주 쓰는 표현이다.

참고표현

다기망양(多岐亡羊)
「1」 갈림길이 많아 잃어버린 양을 찾지 못한다는 뜻으로, 두루 섭렵하기만 하고 전공하는 바가 없어 끝내 성취하지 못함을 이르는 말.《열자(列子)》에 나오는 말이다.
「2」 방침이 많아서 도리어 갈 바를 모름.

예문 방금까지 여기 있었는데, 그가 어디로 갔는지 오리무중이네.

五 一 丆 五 五
다섯 오

里 丨 口 日 日 甲 甲 里
마을 리

094

암중모색 暗中摸索

어두울 **암**, 가운데 **중**, 찾을 **모**, 찾을 **색**

| 은밀한 가운데 일의 실마리나 해결책을 찾아내려 함.

오리무중(五里霧中)이나 다기망양(多岐亡羊)인 상황에서도 끝까지 해답을 찾기 위해 노력하는 모습을 가리킨다.
암(暗)은 '어둠'을 뜻하는 글자로, 암실(暗室-밖으로부터 빛이 들어오지 못하도록 꾸며 놓은 방. 주로 물리, 화학, 생물학의 실험과 사진 현상 따위에 사용한다), 명암(明暗-밝음과 어두움을 통틀어 이르는 말), 암흑(暗黑-어둡고 캄캄함) 같은 단어에 사용한다.

참고표현

암암리(暗暗裡) : 남이 모르는 사이.
의심암귀(疑心暗鬼) : '의심이 생기면 귀신이 생긴다'는 뜻으로, 의심하는 마음이 있으면 대수롭지 않은 일까지 두려워서 불안해함.

예문 지금은 암중모색의 시기이니, 섣불리 행동하지 말아라.

中

가운데 **중**

暗

어두울 **암**

095

와각지쟁 蝸角之爭

달팽이 **와**, 뿔 **각**, 조사 **지**, 다툴 **쟁**

> 달팽이의 더듬이 양쪽이 서로 싸운다는 뜻으로, 하찮은 일로 벌이는 싸움을 비유적으로 이르는 말.

달팽이를 유심히 살펴보면, 머리 위로 두 개의 더듬이가 튀어 나와 있다. 이 표현은 양쪽 더듬이가 서로 잘났다고 싸우는 모습을 가리킨다.《장자》에 나오는 말이다.
달팽이 더듬이가 등장하는 표현은 또 있다.

참고표현

와우각상(蝸牛角上) : 달팽이의 뿔 위라는 뜻으로, 세상이 좁음을 비유적으로 이르는 말.

예문 너희가 다투는 모습을 보니 와각지쟁이 떠오르는구나. 아직도 어찌 그리 어리단 말이냐?

角

뿔 각

爭

다툴 쟁

096

순망치한 脣亡齒寒

입술 **순**, 망할 **망**, 이 **치**, 찰 **한**

> 입술이 없으면 이가 시리다는 뜻으로, 서로 이해관계가 밀접한 사이에 어느 한쪽이 망하면 다른 한쪽도 그 영향을 받아 온전하기 어려움을 이르는 말.

중국 춘추시대 강대국인 진(晋)나라 헌공이 우나라에 사신을 보내, 괵나라를 치고자 하니 길을 빌려달라고 하였다. 우나라 신하들은 모두 허용하자고 하였으나, 궁지기라는 신하만은 반대하고 나섰다. 그는 "괵나라와 우나라는 동전의 양면과 같습니다. 괵나라가 망하면 우리 또한 그 운명에 처할 것입니다. 옛말에 '입술이 사라지면 이가 시리다'고 하였으니, 이야말로 괵나라와 우나라를 가리키는 말입니다." 하였고, 우나라 임금은 그의 말을 따랐다. 그러자 진나라 역시 군대를 돌려 돌아갔다.
이빨을 뜻하는 한자 치(齒)가 들어가는 고사성어는 또 있다.

참고표현

각자무치(角者無齒) : 뿔이 있는 짐승은 이가 없다는 뜻으로, 한 사람이 여러 가지 재주나 복을 다 가질 수 없다는 말.
절치부심(切齒腐心) : 몹시 분하여 이를 갈며 속을 썩임.

예문 순망치한이라는 말도 모르느냐? 그를 제거하면 모든 공격이 우리를 향하게 되어 있으니 절대 나서지 마라.

亡

망할 **망**

0
9
7

선남선녀 善男善女

착할 **선**, 사내 **남**, 착할 **선**, 여자 **녀**

> 성품이 착한 남자와 여자란 뜻으로, 착하고 어진 세상의 많은 사람들을 이르는 말.

한자 뜻을 보면 착한 남자와 여자를 가리키지만, 세상에서 살아가는 수많은 일반인들을 가리키는 뜻으로 주로 사용한다.
일반인들을 가리키는 표현은 다양하다.

비슷한말

갑남을녀(甲男乙女) : 갑이란 남자와 을이란 여자라는 뜻으로, 평범한 사람들을 이르는 말.
장삼이사(張三李四) : 장씨(張氏)의 셋째 아들과 이씨(李氏)의 넷째 아들이라는 뜻으로, 이름이나 신분이 특별하지 아니한 평범한 사람들을 이르는 말.
필부필부(匹夫匹婦) : 평범한 남녀.

예문 전쟁이 벌어지자 아무 죄 없는 세상의 선남선녀들이 모두 희생자가 되고 말았다.

女

여자 **여**

乙

둘째천간 **을**

098

남부여대 男負女戴

남자 **남**, 짐질 **부**, 여자 **여**, 일 **대**

> 남자는 지고 여자는 인다는 뜻으로, 가난한 사람들이 살 곳을 찾아 이리저리 떠돌아다님을 비유적으로 이르는 말.

머물 곳이 없어 살림살이를 남자는 지고, 여자는 머리에 인 채 이곳저곳을 헤매는 모습을 가리킨다.

비슷한말

동가식서가숙(東家食西家宿) : 동쪽 집에서 밥 먹고 서쪽 집에서 잠잔다는 뜻으로, 일정한 거처가 없이 떠돌아다니며 지냄을 이르는 말. 나중에는 자기의 잇속을 차리기 위하여 지조 없이 여기저기 빌붙어 사는 행태를 이르게 되었다.

예문 전쟁이 발발하자 모든 시민들은 남부여대하고 남쪽으로 피난길을 떠났다.

男

사내 남

宿

묵을 숙

099

사고무친 四顧無親

넉 **사**, 돌아볼 **고**, 없을 **무**, 친할 **친**

| 의지할 만한 사람이 아무도 없음.

동서남북, 사방을 둘러봐도 친한 사람이 하나도 없는 모습을 가리킨다.

우리 속담에 '서발 장대 휘둘러도 거칠 것이 하나도 없다'라는 표현이 있는데, 이는 아무리 둘러봐도 친척 하나 없다는 뜻, 또 살림살이가 너무 가난해 아무것도 없다는 두 가지 뜻을 갖는다.

비슷한말

혈혈단신(孑孑單身) : 의지할 곳이 없는 외로운 홀몸.

고립무원(孤立無援) : 홀로 서 있어, 도움을 받을 데가 전혀 없음.

고성낙일(孤城落日) : 외딴 성과 서산에 지는 해라는 뜻으로, 세력이 다하고 남의 도움이 없는 매우 외로운 처지를 이르는 말.

예문 그 무렵, 저는 사고무친의 처지였습니다.

親

친할 친

100

억조창생 億兆蒼生

억 **억**, 조 **조**, 무성할 **창**, 생명 **생**

수많은 백성.

억(億)은 10의 8제곱, 조(兆)는 10의 12제곱을 가리킨다. 매우 큰 숫자인데, 그만큼 많은 사람을 가리키는 표현이다.

비슷한말

억만창생(億萬蒼生) : 수많은 백성.

인산인해(人山人海) : 사람이 산을 이루고 바다를 이루었다는 뜻으로, 사람이 수없이 많이 모인 상태를 이르는 말.

예문 억조창생이 고통에 쓰러져가는 모습을 보면서 어찌 가만 있을 수 있겠습니까?

億

억 **억**

生

생명 **생**

101

노마지지 老馬之智

늙을 **노**, 말 **마**, 조사 **지**, 슬기 **지**

> 늙은 말의 슬기로움. 오랜 세월 경험을 쌓은 사람에게는 다른 사람에게 없는 지혜가 있음.

고대 중국 제나라 환공이 한겨울에 전쟁을 벌이다가 그만 길을 잃었다. 그러자 재상 관중이 이렇게 말했다.

"이런 때는 늙은 말의 지혜를 빌리는 것이 좋습니다."

그의 말에 따라 환공은 늙은 말을 앞장세웠고, 말은 오랜 경험을 통해 알고 있던 길을 찾아 많은 사람의 목숨을 구할 수 있었다.

비슷한말

노익장(老益壯) : 늙었지만 의욕이나 기력은 점점 좋아짐. 또는 그런 상태.

백전노장(百戰老將) : 수많은 싸움을 치른 노련한 장수.

참고표현

연부역강(年富力強) : 나이가 젊고 기력이 왕성함.

예문 네가 아무리 젊어서 연부역강하다고 해도, 어른의 노마지지를 무시해서는 안 될 것이다.

老

늙을 노

102 백면서생 白面書生

흰 **백**, 얼굴 **면**, 책 **서**, 사람 **생**

| 한갓 글만 읽고 세상일에는 전혀 경험이 없는 사람.

백면(白面)은 '하얀 얼굴'인데, 동양에서는 흔치 않은 얼굴이다. 그래서 백면서생(白面書生)이라고 하면, 주변에서 찾을 수 없는 기이한 사람이라는 의미가 강하다.

백면서생은 햇빛을 보지 않아 얼굴이 하얀 것이니 당연히 두문불출하는 사람일 것이다.

참고표현

두문불출(杜門不出)

「1」 집에만 있고 바깥출입을 아니함.

「2」 집에서 은거하면서 관직에 나가지 아니하거나 사회의 일을 하지 아니함을 비유적으로 이르는 말.

예문 그는 백면서생에 불과해. 그러니 이 일을 처리할 능력이 없는 것은 당연하지.

白

흰 백

面

얼굴 면

103

후안무치 厚顔無恥

두터울 **후**, 얼굴 **안**, 없을 **무**, 부끄러워할 **치**

뻔뻔스러워 부끄러움이 없음.

"얼굴에 철판을 깔았구나." 하는 표현을 자주 사용하는데, 후안(厚顔-낯가죽이 두껍다는 뜻으로, 몹시 뻔뻔스러움을 이르는 말)이 바로 그런 얼굴이다.

치(恥)는 '부끄러워하다'라는 글자로 염치(廉恥-체면을 차릴 줄 알며 부끄러움을 아는 마음), 치욕(恥辱-수치와 모욕) 같은 단어에 사용한다.

참고표현

파렴치(破廉恥) : 염치를 모르고 뻔뻔스러움.

철면피(鐵面皮) : 쇠로 만든 낯가죽이라는 뜻으로, 염치가 없고 뻔뻔스러운 사람을 낮잡아 이르는 말.

예문 후안무치도 정도가 있지. 어찌 저리 부끄러움을 모르고 행동을 할까?

厚

두터울 **후**

皮

가죽 **피**

104

수전노 守錢奴

지킬 **수**, 돈 **전**, 종 **노**

> 돈을 모을 줄만 알아 한번 손에 들어간 것은 도무지 쓰지 않는 사람을 낮잡아 이르는 말.

세상에 돈을 좋아하지 않는 사람은 거의 없다. 이런 사실은 오래전에도 마찬가지였다. 그런 까닭에 우리 속담에도 돈과 관련된 것들이 많다.

"돈 다음에 나온 놈."

"대들보 썩는 줄 모르고 기왓장 아낀다."

"모기 다리에서 피 빼먹겠다."

"고기 만진 손 씻어 국 끓이겠다."

수전노(守錢奴) 역시 돈을 지키는 몸종이니, 어지간히 돈을 좋아하는 인간인 셈이다.

반대말

일식만전(一食萬錢) : 매우 사치스럽게 낭비함을 이르는 말. 진나라의 임개(任愷)가 한 끼의 식사에 1만 전(錢)을 썼다는 데서 유래한다.

예문 수전노의 전형이라면 소설《크리스마스 캐럴》에 나오는 스크루지 영감을 들 수 있겠지.

奴

종 노

105

양상군자 梁上君子

대들보 양, 위 상, 임금 군, 사람 자

| 들보 위의 군자라는 뜻으로, 도둑을 완곡하게 이르는 말.

《후한서》〈진식전(陳寔傳)〉에 나오는 말이다.
고대 중국 후한 시대에 진식이라는 선비가 밤중에 공부를 하고 있는데, 도둑이 들어와 대들보 위에 숨는 것이었다. 이에 진식이 집안사람들을 모아 놓고 말했다.
"처음부터 나쁜 사람은 없다. 오직 어려운 환경을 맞아서도 노력하지 않기 때문이다. 저기 대들보 위의 군자도 마찬가지이다."
이 말을 들은 도둑이 내려와 진식에게 잘못을 고하였다. 그러자 진식이 말했다.
"그대가 처음부터 도둑일 리는 없네. 지금부터 반성하고 노력한다면 좋은 사람이 될 것이네."
그로부터 유래한 표현이 양상군자(梁上君子)이다.

참고표현

엄이도령(掩耳盜鈴) : 귀를 막고 방울을 훔친다는 뜻으로, 모든 사람이 그 잘못을 다 알고 있는데 얕은꾀를 써서 남을 속이려 함을 이르는 말. 《여씨춘추》에 나오는 말이다.

君

임금 군

106

홍일점 紅一點

붉을 **홍**, 한 **일**, 점 **점**

> 푸른 잎 가운데 피어 있는 한 송이의 붉은 꽃이라는 뜻으로, 남자 사이에 끼어 있는 한 사람의 여자를 비유적으로 이르는 말.

왕안석의 영석류시(詠石榴詩)에서 유래한 표현이다. 이 표현은 여러 남자 사이에 여자가 홀로 끼어 있을 때 쓴다.
반면에 여러 여자 사이에 남자가 홀로 끼어 있을 때는 다음 표현을 쓴다.

참고표현

청일점(靑一點) : 많은 여자 사이에 끼어 있는 한 사람의 남자를 비유적으로 이르는 말.

예문 이수는 우리 모임의 홍일점이야.

點

점 **점**

107

경국지색 傾國之色

기울 **경**, 나라 **국**, 조사 **지**, 얼굴빛 **색**

> 임금이 혹하여 나라가 기울어져도 모를 정도의 미인이라는 뜻으로, 뛰어나게 아름다운 미인을 이르는 말.

나라가 무너질 만큼 아름다운 여인을 가리키는 표현으로, 고대 중국 한나라 때 시인 이연년이 지은 시에 나온다.

비슷한말

만고절색(萬古絶色) : 세상에 비길 데 없이 뛰어난 미인.

화용월태(花容月態) : 아름다운 여인의 얼굴과 맵시를 이르는 말.

단순호치(丹脣皓齒) : 붉은 입술과 하얀 치아라는 뜻으로, 아름다운 여자를 이르는 말.

설부화용(雪膚花容) : 눈처럼 흰 살갗과 꽃처럼 고운 얼굴이라는 뜻으로, 미인의 용모를 이르는 말.

아미(蛾眉) : 누에나방의 눈썹이라는 뜻으로, 가늘고 길게 굽은 아름다운 눈썹을 이르는 말. 미인의 눈썹을 이른다.

해어화(解語花) : 말을 알아듣는 꽃이라는 뜻으로, '미인'을 이르는 말. 중국 당나라 때에, 현종이 양귀비를 가리켜 말하였다는 데서 유래한다.

國

나라 국

108

옥골선풍 玉骨仙風

구슬 **옥**, 뼈 **골**, 신선 **선**, 바람 **풍**

| 살빛이 희고 고결하여 신선과 같은 풍채.

옥골선풍은 신선과 같이 멋진 남성을 가리킬 때 주로 쓰는 표현이다.

비슷한말

헌헌장부(軒軒丈夫) : 외모가 준수하고 풍채가 당당한 남자.

참고표현

재자가인(才子佳人) : 재주 있는 남자와 아름다운 여자를 아울러 이르는 말.

예문 옥골선풍을 지닌 이몽룡은 어딜 가나 사람들 눈에 띄었다.

仙

신선 **선**

佳

아름다울 **가**

109 홍익인간弘益人間

넓을 **홍**, 더할 **익**, 사람 **인**, 사이 **간**

| 널리 인간을 이롭게 함.

홍익인간이라는 표현은《삼국유사》고조선 건국 신화에 나오는 단군의 건국 이념으로서, 우리 겨레의 정치, 교육, 문화의 최고 이념이다. 오늘날에도 여러 분야에서 소중한 가르침으로 받들고 있다. 그 외에 중요한 가르침으로 삼는 표현이 또 있다.

참고표현

경천애인(敬天愛人) : 하늘을 숭배하고 인간을 사랑함.

예문 우리 학교 교훈은 홍익인간이다.

弘

넓을 **홍**

益

더할 **익**

110 초근목피 草根木皮

풀 **초**, 뿌리 **근**, 나무 **목**, 껍질 **피**

> 풀뿌리와 나무껍질이라는 뜻으로, 맛이나 영양 가치가 없는 거친 음식을 비유적으로 이르는 말.

배불리 먹는 게 어려웠던 과거에 굶주림을 가리키는 대표적인 음식이 초근목피였다.
초근목피 외에도 가난하고 소박한 음식을 나타내는 표현은 또 있다.

비슷한말

박주산채(薄酒山菜) : 맛이 변변하지 못한 술과 산나물.

참고표현

피골상접(皮骨相接) : 살가죽과 뼈가 맞붙을 정도로 몹시 마름.
초근목피로 배를 채우다 보면 피골상접하게 될 것은 당연하다.

草

풀 초

根

뿌리 근

산해진미 山海珍味

산 **산**, 바다 **해**, 보배 **진**, 맛 **미**

산과 바다에서 나는 온갖 진귀한 물건으로 차린, 맛이 좋은 음식.

초근목피는 물론 박주산채와 정반대되는 좋은 음식을 나타내는 표현이다.
산해진미만큼 맛좋고 호화로운 식단은 많다.

비슷한말

고량진미(膏粱珍味) : 기름진 고기와 좋은 곡식으로 만든 맛있는 음식.
진수성찬(珍羞盛饌) : 푸짐하게 잘 차린 맛있는 음식.
백미음식(百味飮食) : 여러 가지 좋은 맛으로 만든 음식물.
용미봉탕(龍味鳳湯) : 용과 봉황으로 만든 음식이라는 뜻으로, 맛이 매우 좋은 음식을 비유적으로 이르는 말.

예문 배탈이 나서 산해진미를 앞에 두고 먹지 못하는 기분이라니!

海

바다 해

珍

보배 진

112

고굉지신 股肱之臣

넓적다리 **고**, 팔뚝 **굉**, 조사 **지**, 신하 **신**

> 다리와 팔같이 중요한 신하라는 뜻으로, 임금이 가장 신임하는 신하를 이르는 말.

한 사람 곁에서 중요한 역할을 하는 사람을 가리킬 때 "나의 오른팔 역할을 한다."라는 표현을 자주 쓴다. 고굉지신은 그처럼 임금의 다리와 팔 역할을 하는 중요한 신하를 가리킨다.

비슷한말

사직지신(社稷之臣) : 나라의 안위와 존망을 맡은 중신.

주석지신(柱石之臣) : 나라에 중요한 구실을 하는 신하.

심복지인(心腹之人) : 마음 놓고 부리거나 일을 맡길 수 있는 사람.

예문 그는 전하의 고굉지신임이 분명해. 이런 상황에서도 챙기시는 것을 보니 말이야.

之

조사 **지**

臣

신하 **신**

113

진충보국 盡忠報國

다할 **진**, 충성할 **충**, 보답할 **보**, 나라 **국**

충성을 다하여서 나라의 은혜를 갚음.

고굉지신이나 사직지신이 하는 행동이 진충보국인 셈이다. 진충보국하기 위해서는 반드시 필요한 조건이 있다.

참고표현

견위치명(見危致命) : 나라가 위태로울 때 자기의 몸을 나라에 바침.

견리사의(見利思義) : 눈앞의 이익을 보면 의리를 먼저 생각함.

멸사봉공(滅私奉公) : 사욕을 버리고 공익을 위하여 힘씀.

사생취의(捨生取義) : 목숨을 버리고 의를 좇는다는 뜻으로, 목숨을 버릴지언정 옳은 일을 함을 이르는 말.

예문 우리는 국난을 맞아 진충보국의 일념으로 일어선 의병들이다. 결코 물러서지 말라.

盡

다할 진

忠

충성할 충

114

공평무사 公平無私

공변될 **공**, 바를 **평**, 없을 **무**, 사사로울 **사**

| 공평하여 사사로움이 없음.

개인적 이익이나 업무는 뒤로 밀어놓고 공적인 일에 최선을 다하는 모습을 가리키는 표현이다.

비슷한말

공명정대(公明正大) : 하는 일이나 태도가 사사로움이나 그릇됨이 없이 아주 정당하고 떳떳함.

참고표현

청백리(清白吏) : 재물에 대한 욕심이 없이 곧고 깨끗한 관리. 공평무사하고 공명정대한 관리를 가리키는 표현이다.

예문 그는 공직에 있는 동안 공평무사한 태도로 유명해서, 퇴직한 후에도 명성이 드높다.

公

공변될 **공**

私

사사로울 **사**

115 탐관오리 貪官汚吏

탐욕 **탐**, 벼슬 **관**, 더러울 **오**, 벼슬아치 **리**

| 백성의 재물을 탐내어 빼앗는, 행실이 깨끗하지 못한 관리.

고전을 읽다 보면 탐관오리가 자주 등장한다. 탐욕에 빠진 관리, 더러운 짓을 일삼는 관리 등인데, 춘향전에 나오는 변학도 같은 인물이 대표적이라고 할 수 있다.
탐관오리들은 앞서 살펴본 행동과는 정반대되는 행동을 일삼는다.

참고표현

부정부패(不正腐敗) : 바르지 못하고 타락함.

견리망의(見利忘義) : 눈앞의 이익을 보면 의리를 잊음.

예문 변학도야말로 탐관오리의 상징이지.

吏

벼슬아치 **리**

敗

패할 **패**

116

무사안일 無事安逸

없을 **무**, 일 **사**, 편안할 **안**, 숨을 **일**

큰 탈이 없이 편안하고 한가로움. 또는 그런 상태만을 유지하려는 태도.

아무 일도 하지 않으면서 편안함 속으로 숨는 행동이나 태도를 가리키는 표현으로, 무능력한 사람들의 특징을 나타낸다. 공직에 있는 사람들 가운데도 이런 부류가 있는데, 그들을 가리키는 표현은 또 있다.

비슷한말

복지부동(伏地不動) : 땅에 엎드려 움직이지 아니한다는 뜻으로, 주어진 일이나 업무를 처리하는 데 몸을 사림을 비유적으로 이르는 말.

시위소찬(尸位素餐) : 재덕이나 공로가 없어 직책을 다하지 못하면서 자리만 차지하고 녹(祿)을 받아먹음을 비유적으로 이르는 말. 《한서》에 나오는 말이다

예문 무사안일한 태도로 일관하더니 결국 나라에 피해를 입히는구나.

逸

숨을 **일**

安

편안할 **안**

117

파안대소 破顏大笑

깨트릴 **파**, 얼굴 **안**, 큰 **대**, 웃을 **소**

| 매우 즐거운 표정으로 활짝 웃음.

얼굴을 깨트릴 만큼 크게 웃는 모습을 가리킨다.
웃는 모습을 나타내는 표현은 무척 많다.

비슷한말

가가대소(呵呵大笑) : 소리를 내어 크게 웃음.
포복절도(抱腹絶倒) : 배를 그러안고 넘어질 정도로 몹시 웃음.
박장대소(拍掌大笑) : 손뼉을 치며 크게 웃음.

예문 그의 말을 들은 사람들은 모두 파안대소를 감추지 못했다.

破

깨트릴 파

笑

웃을 소

118

내우외환 內憂外患

안 **내**, 걱정 **우**, 밖 **외**, 근심 **환**

| 나라 안팎의 여러 가지 어려움.

여러 가지 걱정거리가 많을 때 사용하는 대표적인 표현이다. 사람이 살다 보면 걱정이 많기 때문인지, 근심 걱정에 대한 표현은 다양하다.

비슷한말

만수우환(萬愁憂患) : 온갖 시름과 근심, 걱정.

참고표현

기우(杞憂) : 앞일에 대해 쓸데없는 걱정을 함. 또는 그 걱정. 옛날 중국 기(杞)나라에 살던 한 사람이 '만일 하늘이 무너지면 어디로 피해야 좋을 것인가?' 하고 침식을 잊고 걱정하였다는 데서 유래한다.
우국지사(憂國之士) : 나랏일을 근심하고 염려하는 사람.

예문 20세기로 접어들면서 조선은 내우외환에 시달리고 있었다.

內 丨 冂 内 內

안 내

外 ノ ク 夕 夘 外

밖 외

119

진퇴양난 進退兩難

나아갈 **진**, 물러날 **퇴**, 두 **양**, 어려울 **난**

| 이러지도 저러지도 못하는 어려운 처지.

앞으로 나아갈 수도, 뒤로 물러날 수도 없는 곤란한 상황을 가리키는 표현이다.

우리 속담에 '도둑을 피하니 강도를 만난다'라는 게 있는데, 그런 상황이다.

이런 어려운 상황을 나타내는 표현은 또 있다.

비슷한말

진퇴유곡(進退維谷) : 이러지도 저러지도 못하고 꼼짝할 수 없는 궁지.

첩첩수심(疊疊愁心) : 겹겹이 쌓인 근심.

예문 이야말로 진퇴양난이구나. 앞에는 적군, 뒤에는 절벽이라니!

進

나아갈 **진**

退

물러날 **퇴**

120 설상가상 雪上加霜

눈 **설**, 위 **상**, 더할 **가**, 서리 **상**

> 눈 위에 서리가 덮인다는 뜻으로, 난처한 일이나 불행한 일이 잇따라 일어남을 이르는 말.

어려움 위에 다시 어려움이 닥쳐온다는 뜻이니, 진퇴양난보다 더 어려운 상황을 가리키는 표현인 셈이다.
이런 상황을 나타내는 표현 역시 다양하다.

비슷한말

화불단행(禍不單行) : 재앙은 번번이 겹쳐 옴.
천신만고(千辛萬苦) : 천 가지 매운 것과 만 가지 쓴 것이라는 뜻으로, 온갖 어려운 고비를 다 겪으며 심하게 고생함을 이르는 말.

예문 설상가상으로 집안마저 풍비박산나고 말았다.

加

더할 가

單

하나 단

121

간난신고 艱難辛苦

어려울 **간**, 어려울 **난**, 매울 **신**, 쓸 **고**

| 몹시 힘들고 어려우며 고생스러움.

어려움에 어려움을 더하고 매운 데 쓴 것까지 더하니, 얼마나 어렵고 힘든 상황인지 알 수 있다.

참고표현

파란만장(波瀾萬丈) : 사람의 생활이나 일의 진행이 여러 가지 곡절과 시련이 많고 변화가 심함.

우여곡절(迂餘曲折) : 뒤얽혀 복잡하여진 사정.

풍찬노숙(風餐露宿) : 바람을 먹고 이슬에 잠잔다는 뜻으로, 객지에서 많은 고생을 겪음을 이르는 말.

예문 간난신고를 겪고 나니 웬만한 어려움쯤은 구우일모로 느껴지더라고.

辛

매울 신

苦

쓸 고

122 우공이산 愚公移山

어리석을 **우**, 남자 **공**, 옮길 **이**, 산 **산**

> 어리석은 사람이 산을 옮긴다는 뜻으로, 어떤 일이든 끊임없이 노력하면 반드시 이루어짐을 이르는 말.

우공(愚公-어리석은 사람)이라는 노인이 집을 가로막은 산을 옮기기 시작했다. 그러자 사람들이 모두 비웃으며 말했다. "언제 그 큰 산을 옮기려고 하십니까?" 이에 노인이 말했다. "내가 못 하면 내 자손들이 대대로 옮길 것이오."
이에 감동한 하느님이 산을 옮겨 주었다는 데서 유래한다.
《열자(列子)》에 나오는 말이다.

비슷한말

수적천석(水滴穿石) : 물방울이 떨어져 돌을 뚫는다는 뜻으로, 보잘것없이 작은 노력이라도 끈기 있게 꾸준히 하면 큰일을 이룰 수 있음을 비유적으로 이르는 말.
노마십가(駑馬十駕) : 느리고 둔한 말도 준마의 하룻길을 열흘에는 갈 수 있다는 뜻으로, 둔하고 재능이 모자라는 사람도 열심히 하면 훌륭한 사람이 될 수 있음을 비유적으로 이르는 말.

예문 우공이산의 태도를 유지한 끝에 그는 결국 그 일을 성공으로 이끌었다.

남자 공

1 # 절차탁마 切磋琢磨

2 **끊을 절, 갈 차, 쪼을 탁, 갈 마**

3

> 옥이나 돌 따위를 갈고 닦아서 빛을 낸다는 뜻으로, 부지런히 학문과 덕행을 닦음을 이르는 말.

중국에서 특히 소중히 여기는 보석이 옥(玉)이다.
옥을 갈아 만든 수많은 보물, 용기 등이 오늘날까지 전해오는데, 옥을 귀한 물건으로 만들기 위해서는 오랜 시간에 걸쳐 뛰어난 기술을 이용해 갈고 닦아야 한다.
이 표현은 그로부터 유래한 것이다.《시경》과《논어》〈학이편(學而篇)〉에 나오는 말이다.

비슷한말

마부작침(磨斧作針) : 도끼를 갈아서 바늘을 만든다는 뜻으로, 아무리 어려운 일이라도 끊임없이 노력하면 반드시 이룰 수 있음을 이르는 말.

예문 모든 일에 절차탁마의 자세로 임한다면, 이루지 못할 일이 없을 것이다.

切

끊을 **절**

作

만들 **작**

124

각고면려 刻苦勉勵

새길 **각**, 쓸 **고**, 힘쓸 **면**, 힘쓸 **려**

| 고생을 무릅쓰고 몸과 마음을 다하여, 무척 애를 쓰면서 부지런히 노력함.

우공이산이나 마부작침보다 현실적인 의미인데, 이렇게 노력하는 모습을 나타내는 표현은 또 있다.

비슷한말

용맹정진(勇猛精進) : 용감하고 굳세게 앞을 향해 나아감.

자강불식(自強不息) : 스스로 힘써 몸과 마음을 가다듬어 쉬지 아니함.

발분망식(發憤忘食) : 끼니까지도 잊을 정도로 어떤 일에 열중하여 노력함.

예문 각고면려를 아끼지 않으면 어떤 어려움도 능히 이겨낼 수 있다.

刻

새길 **각**

勉

힘쓸 **면**

125

주경야독 晝耕夜讀

낮 **주**, 밭갈 **경**, 밤 **야**, 읽을 **독**

> 낮에는 농사짓고, 밤에는 글을 읽는다는 뜻으로, 어려운 여건 속에서도 꿋꿋이 공부함을 이르는 말.

주(晝)는 해가 떠 있는 낮을 가리키는 글자이다.
이에 대응하는 글자는 밤을 뜻하는 야(夜)이다. 저녁을 나타내는 글자로 석(夕)도 있는데, 야(夜)보다는 이른 저녁을 나타낸다.
두 글자를 사용한 단어로는 야간(夜間-해가 진 뒤부터 먼동이 트기 전까지의 동안), 심야(深夜-깊은 밤), 야음(夜陰-밤의 어둠), 그리고 석양(夕陽-저녁 때의 햇빛), 석간(夕刊-오후에 발행하는 신문) 등이 있다.

참고표현

불철주야(不撤晝夜) : 어떤 일에 몰두하여 조금도 쉴 사이 없이 밤낮을 가리지 아니함.
주야장천(晝夜長川) : 밤낮으로 쉬지 아니하고 연달아.

예문 그는 주경야독한 끝에 드디어 자신의 꿈을 이루게 되었다.

晝

낮 주

夜

밤 야

126

분골쇄신 粉骨碎身

가루 **분**, 뼈 **골**, 부술 **쇄**, 몸 **신**

뼈를 가루로 만들고 몸을 부순다는 뜻으로, 정성으로 노력함을 이르는 말.

요즘 '뼈를 갈아넣는다'는 표현을 자주 쓰는데, 그 표현을 낳은 고사성어가 분골쇄신이다.
온몸을 바쳐 노력함을 이르는 표현이다.

비슷한말

현두자고(懸頭刺股) : 잠을 쫓기 위해 머리를 천장에 매달고 다리를 찔러가며 열심히 공부하는 모습.

예문 분골쇄신의 심정으로 나라의 독립을 위해 이 한 몸 바치겠습니다.

粉

가루 분

身

몸 신

127

칠전팔기 七顚八起

일곱 **칠**, 넘어질 **전**, 여덟 **팔**, 일어날 **기**

> 일곱 번 넘어지고 여덟 번 일어난다는 뜻으로, 여러 번 실패하여도 굴하지 아니하고 꾸준히 노력함을 이르는 말.

지치지 않고 노력하는 모습을 나타내는 대표적인 고사성어가 칠전팔기이다.
일곱 번 넘어져도 여덟 번 일어나는 모습이야말로 포기를 모르는 태도일 테니까.

비슷한말

백절불굴(百折不屈) : 백 번 꺾여도 결코 굽히지 않음. 어떠한 난관에도 결코 굽히지 않음.
불요불굴(不撓不屈) : 한번 먹은 마음이 흔들리거나 굽힘이 없음.

예문 그 선수는 칠전팔기의 정신으로 결코 포기하지 않았다.

八

여덟 팔

起

일어날 기

128

와신상담 臥薪嘗膽

누울 와, 섶나무 신, 맛볼 상, 쓸개 담

> 눕기에 불편한 섶나무에 몸을 눕히고 쓰디쓴 쓸개를 맛본다는 뜻으로, 원수를 갚거나 마음먹은 일을 이루기 위하여 온갖 어려움과 괴로움을 참고 견딤을 비유적으로 이르는 말.

중국 춘추 시대 오나라 왕 합려는 이웃 월나라 공격에 나섰다. 그러나 월나라의 반격을 당한 합려는 전투에서 입은 부상으로 목숨을 잃고 말았다. 합려는 죽으면서 아들 부차(夫差)에게 복수해 줄 것을 유언으로 남겼다. 이에 부차는 매일 아버지의 원수를 잊지 않기 위해 장작더미 위에서 잠을 자며 복수를 준비하였고, 결국 부차는 복수에 성공하였다. 그 후 패한 월나라 왕 구천(句踐)은 항복한 후 다시 복수를 맹세하고, 이를 잊지 않기 위해 방 앞에 쓸개를 걸어 놓고 드나들 때마다 맛을 보았다. 그렇게 복수를 준비한 구천은 결국 오나라 공격에 나서 성공을 거두었고, 오나라는 멸망하기에 이른다. 이 고사에서 비롯한 표현이 와신상담이다.

예문 오늘의 실패를 교훈삼아 와신상담한다면 언젠가 다시 기회가 찾아올 것이다.

臥

누울 와

129 오월동주 吳越同舟

오나라 **오**, 월나라 **월**, 같을 **동**, 배 **주**

> 오나라 사람과 월나라 사람이 같은 배를 탔다는 뜻으로, 적의를 품은 양측이 한자리에 있게 된 경우나 서로 협력하여야 하는 상황을 비유적으로 이르는 말.

중국 춘추 전국 시대에, 서로 적대시하는 오나라 사람과 월나라 사람이 같은 배를 탔으나 풍랑을 만나서 서로 단합하여야 했다는 데에서 유래한다.
앞에서 살펴본 와신상담의 고사에 등장하는 오나라와 월나라 사람이, 같은 배를 타고 함께 풍랑을 극복해야 하는 상황을 비유적으로 일컫는 표현이다. 이른바 '적과의 동침'인 셈이다.

예문 지금 우리와 상대방은 오월동주의 신세다. 그러나 얼마 후에는 제대로 다툴 때가 올 테니 마음의 준비를 늦추어서는 안 된다.

吳

오나라 **오**

越

넘을 **월**

130

화이부동 和而不同

화합할 **화**, 조사 **이**, 아니 **불**, 같을 **동**

> 남과 사이좋게 지내기는 하나 무턱대고 어울리지는 아니함.

상대방과 화합하기는 할지언정 똑같이 되지는 않는 모습을 가리킨다. 현실 속에서는 상대방과 조화롭게 공존하고 교류하다 보면 어느새 상대방과 같은 존재가 되어가는 경우가 흔하다. 특히 국제관계를 보면 이런 상황을 쉽게 확인할 수 있다. 한 나라가 다른 나라와 친하게 지내면서 의지하는 경우, 시간이 지나면서 자신의 정체성마저 상대방 나라의 것에 맞추어 나가는 경우가 흔하기 때문이다.
그러나 상대방과 협력하고 도움을 받는 것과는 별개로, 자신들만의 정체성은 독립적으로 유지하는 것이 중요하다는 메시지를 전하는 표현이다.
다음 표현은 자신들의 정체성을 버린 채 상대방에 따르는 모습을 나타낸다.

반대말

부화뇌동(附和雷同) : 줏대 없이 남의 의견에 따라 움직임.

예문 지성인이라면 화이부동할지언정 부화뇌동해서는 안 된다.

和

화합할 **화**

而

조사 **이**

131 고목발영 枯木發榮

마를 **고**, 나무 **목**, 필 **발**, 꽃 **영**

> 말라 죽은 나무에서 꽃이 핀다는 뜻으로, 곤궁한 처지에 빠졌던 사람이 행운을 만나서 잘됨을 비유적으로 이르는 말.

우리 속담에 '고생 끝에 낙이 온다'는 것이 있는데, 바로 그런 뜻이다. 처음부터 좋으면 좋은 줄 모르는 경우가 많다. 반면에 어려움을 겪다가 좋은 일을 겪으면 그 기쁨이 훨씬 크기 마련이다.

비슷한말

구한봉감우(久旱逢甘雨) : 오랜 가뭄 끝에 단비를 만난다는 뜻으로, 오랜 고생을 겪은 끝에 즐거운 일을 맞음을 이르는 말.

예문 마지막 기회를 제대로 잡은 그는 고목발영의 기쁨을 맛보았다.

發

필 **발**

榮

꽃 **영**

132 오매불망 寤寐不忘

깰 **오**, 잠잘 **매**, 아니 **불**, 잊을 **망**

| 자나 깨나 잊지 못함.

한자 단어 오매(寤寐)는 '깨다+자다'로 이루어진 단어인데, 뜻은 '자나 깨나 언제나.'
오매불망은 결코 잊지 못하는 모습을 가리킨다.

참고표현

백골난망(白骨難忘) : 죽어서 백골이 되어도 잊을 수 없다는 뜻으로, 남에게 큰 은덕을 입었을 때 고마움의 뜻으로 이르는 말.
잊지 못하는 것은 오매불망과 같지만, 백골난망은 은혜를 입은 상대를 잊지 못한다는 말이다.

예문 오매불망 춘향이만 그리던 이몽룡은 드디어 어사가 되어 남원 땅으로 출발하게 되었다.

不

아니 **불**

忘

잊을 **망**

133 결초보은 結草報恩

맺을 **결**, 풀 **초**, 갚을 **보**, 은혜 **은**

| 죽은 뒤에라도 은혜를 잊지 않고 갚음을 이르는 말.

중국 춘추 시대에, 진나라 군주의 아들 위과(魏顆)는 아버지가 세상을 떠나자, 아버지의 첩을 개가하도록 허락하였다. 그리하여 군주의 무덤에 순장될 위기에 처했던 첩은 목숨을 구할 수 있었다.
그 뒤 이웃 나라가 공격해오자, 위과는 적을 물리치고 적장의 뒤를 쫓기 시작했다. 그때 갑자기 무덤 위의 풀이 올가미를 만들어 도망치던 적장의 발목이 걸렸고, 위과는 적장을 사로잡을 수 있었다.
그날 밤 위과의 꿈에 한 노인이 나타나 이렇게 말했다. "나는 네가 시집가도록 허락한 아이의 아버지다. 오늘 풀로 만든 올가미는 네가 베푼 은혜에 대한 보답이다."

비슷한말

각골난망(刻骨難忘) : 남에게 입은 은혜가 뼈에 새길 만큼 커서 잊히지 아니함.

반대말

배은망덕(背恩忘德) : 남에게 입은 은덕을 저버리고 배신하는 태도가 있음.

報

갚을 보

134

각골통한 刻骨痛恨

새길 **각**, 뼈 **골**, 아플 **통**, 한 **한**

| 뼈에 사무칠 만큼 원통하고 한스러움.

이 표현은 한이 풀리지 않은 채 맺힌 상태를 가리킨다.
이와 비슷한 표현은 또 있다.

비슷한말

철천지한(徹天之恨) : 하늘을 뚫을 만큼 크나큰 원한.
원입골수(怨入骨髓) : 원한이 골수에 사무친다는 뜻으로, 몹시 원망함을 이르는 말.

예문 그들의 공격을 받아 부모님을 잃었으니 어찌 각골통한의 심경이 아니겠습니까?

痛
아플 **통**

恨
한 **한**

135

동문서답 東問西答

동녘 **동**, 물을 **문**, 서녘 **서**, 답할 **답**

| 물음과는 전혀 상관없는 엉뚱한 대답.

이 표현은 질문의 의도를 몰라서라기보다는, 상대방의 질문에 답하기가 어려워 의도적으로 엉뚱한 대답을 하는 상황을 가리킨다. 우리 속담 가운데 '혼사에 대해 말하는데, 상사에 대해 말한다'라는 것이 있다. 혼사는 결혼식이고, 상사(喪事)는 장례식이니, 정반대되는 답을 하는 경우를 가리킨다.

다음 표현도 전혀 다른 질문과 대답으로 이루어져 있다.

참고표현

우문현답(愚問賢答) : 어리석은 질문에 대한 현명한 대답.

예문 너는 어찌 동문서답만을 되풀이하고 있니?

西

서녘 **서**

答

답할 **답**

136

동상이몽 同床異夢

같을 동, 침상 상, 다를 이, 꿈 몽

> 같은 자리에서 함께 자면서 다른 꿈을 꾼다는 뜻으로, 겉으로는 같이 행동하면서도 속으로는 각각 딴생각을 하고 있음을 이르는 말.

가까운 사이, 또는 같은 편들이 서로 다른 뜻을 품고 있을 때 자주 사용하는 표현이다.

반대말

이구동성(異口同聲) : 입은 다르나 목소리는 같다는 뜻으로, 여러 사람의 말이 한결같음을 이르는 말.

참고표현

동공이곡(同工異曲) : 재주나 솜씨는 같지만 표현된 내용이나 맛이 다름을 이르는 말. 한유(韓愈)의 《진학해(進學解)》에 나오는 말이다.

예문 나는 그와 함께 자리하고 있는 순간에도 동상이몽을 꿈꾸고 있었다.

異

다를 이

137

일심동체 一心同體

한 **일**, 마음 **심**, 같을 **동**, 몸 **체**

| 한마음 한 몸이라는 뜻으로, 서로 굳게 결합함을 이르는 말.

마음과 몸이 하나를 이룰 만큼 단단히 결합한 상태를 가리킨다. 이런 상황은 사회 속에서 다양하게 나타난다.

비슷한말

만장일치(滿場一致) : 모든 사람의 의견이 같음.

일치단결(一致團結) : 여럿이 마음을 합쳐 한 덩어리로 굳게 뭉침.

대동단결(大同團結) : 여러 집단이나 사람이 어떤 목적을 이루려고 크게 한 덩어리로 뭉침.

혼연일체(渾然一體) : 생각, 행동, 의지 따위가 완전히 하나가 됨.

예문 지금은 우리 모두 일심동체가 되어 싸워야 할 때이다.

同

같을 동

體

몸 체

138 일장일단 一長一短

한 **일**, 길 **장**, 한 **일**, 짧을 **단**

| 일면의 장점과 다른 일면의 단점을 통틀어 이르는 말.

장(長)은 '길다', 단(短)은 '짧다'를 가리키는 한자이다. 그 외에도 장(長)은 '좋은 것'을, 단(短)은 '나쁜 것'을 나타낸다. 그래서 '장단점(長短點)'은 '좋은 점과 나쁜 점'을 뜻한다.

참고표현

불로장생(不老長生) : 늙지 아니하고 오래도록 삶.

사시장청(四時長青) : 소나무나 대나무같이 식물의 잎이 일 년 내내 푸름.

산고수장(山高水長) : 산은 높이 솟고 강은 길게 흐른다는 뜻으로, 인자(仁者)나 군자의 덕행이 높고 한없이 오래 전하여 내려오는 것을 비유적으로 이르는 말.

예문 그의 대책은 일장일단이 있어 무어라고 단정짓기 어렵다.

長

길 장

短

짧을 단

139

초지일관 初志一貫

처음 **초**, 뜻 **지**, 한 **일**, 꿰뚫을 **관**

| 처음에 세운 뜻을 끝까지 밀고 나아감.

관(貫)은 '꿰뚫다'라는 뜻인데, 많은 엽전을 한줄로 엮은 것, 구슬로 목걸이를 만든 것 등을 나타낸다.
초지일관은 이처럼, 처음 뜻을 하나로 꿰뚫어 흩어지지 않게 행동하는 모습을 가리킨다.

비슷한말

시종일관(始終一貫) : 일 따위를 처음부터 끝까지 한결같이 함.
수미일관(首尾一貫) : 일 따위를 처음부터 끝까지 한결같이 함.
일이관지(一以貫之) : 하나의 방법이나 태도로써 처음부터 끝까지 한결같음.

예문 그는 초지일관 자신의 뜻을 관철시키고자 안간힘을 썼다.

初

처음 초

志

뜻 지

140

과유불급 過猶不及

지나칠 **과**, 같을 **유**, 아니 **불**, 미칠 **급**

> 정도를 지나침은 미치지 못함과 같다는 뜻으로, 중용(中庸)이 중요함을 이르는 말.

《논어》〈선진편(先進篇)〉에 나오는 말이다.
우리는 부족한 것만을 탓할 뿐, 넘치는 것을 탓하는 경우는 별로 없다.
넘치는 것은 좋은 것이라고 여기기 때문이다.
하지만, 공자님은 지나친 것은 모자란 것과 같은 것이라고 말하고 있다.

참고표현

상하사불급(上下寺不及) : 위로도 아래로도 모두 미치지 못함. 또는 두 가지 일이 모두 실패하게 됨.
산을 오르다 보니 위에 있는 절에 오르기에는 힘이 들고, 아래 있는 절로 돌아가기에는 때를 놓친 어정쩡한 상태를 가리키는 표현이다.

예문 과유불급이라는 말도 있듯이, 그 정도에서 만족하는 편이 나을 것이다.

過

지나칠 과

141

불가근불가원 不可近不可遠

아니 **불**, 가할 **가**, 가까울 **근**, 아니 **불**, 가할 **가**, 멀 **원**

가까이할 수도 멀리할 수도 없음.

사람이 되었건, 가치가 되었건, 주장이 되었건, 너무 가까이 하는 것도, 너무 멀리 하는 것도 적절하지 않은 경우에 쓰는 표현이다.
즉, 돈이나 권력 등을 너무 멀리해서도 안 되지만, 너무 가까이해서도 안 된다는 뜻으로 쓴다. 과유불급과 통하는 표현이라고 하겠다.

참고표현

경이원지(敬而遠之) : 공경하되 가까이하지는 않음.

예문 그 친구는 뭔가 감추는 게 많아. 그러니 불가근불가원의 태도를 취하는 편이 나을 거야.

近

가까울 근

遠

멀 원

142

권선징악 勸善懲惡

권할 **권**, 착할 **선**, 징계할 **징**, 악할 **악**

착한 일을 권장하고 악한 일을 징계함.

권선징악은 문학작품이나 드라마, 영화 등 모든 예술 분야에서 가장 선호하는 이야기 전개방식이다.
착한 사람이 상을 받고, 악한 자가 벌을 받는 이야기로 전개되면 뻔해서 재미가 없을 듯하지만, 반대로 착한 사람이 실패하고 악한 자가 성공하는 이야기를 좋아할 사람은 거의 없기 때문이다.
어려운 한자 징(懲)이 들어가는 우리 고전이 《징비록(懲毖錄)》이다. 책의 뜻은 '잘못을 뉘우치고, 조심해야 하는 내용을 기록하다.'

참고표현

파사현정(破邪顯正) : 사악함을 부수고 바른 것을 드러냄.

예문 우리 고전소설 《흥보전》의 주제는 권선징악이라고 할 수 있지.

善

착할 선

惡

악할 악

143

침소봉대針小棒大

바늘 **침**, 작을 **소**, 몽둥이 **봉**, 큰 **대**

| 작은 일을 크게 불리어 떠벌림.

허풍을 떠는 모습을 비유적으로 이르는 표현이다.
작은 바늘이 몇 사람의 입을 거치면 커다란 몽둥이로 변모하는 게 현실이다.
소(小)는 '작다'라는 뜻으로, 반대말은 '크다'는 뜻의 대(大).
반면에 소(少)는 '적다'라는 뜻으로, 반대말은 '많다'는 뜻의 다(多).
대소(大小-사물의 크고 작음)와 다소(多少-양이 많고 적음)는 뜻이 완전히 다르다는 사실을 기억해야 한다.

참고표현

위다안소(危多安少) : 정세나 병세 따위의 상황이 매우 위급하여 안심하기 어려움.
노소동락(老少同樂) : 늙은이와 젊은이가 함께 즐김.

예문 네 작은 성공을 침소봉대하지 말아라. 그게 뭐 그리 자랑스러운 일이라고 그러느냐.

小

작을 소

少

적을 소

144

호형호제 呼兄呼弟

부를 호, 형 형, 부를 호, 아우 제

> 서로 형이니 아우니 하고 부른다는 뜻으로, 매우 가까운 친구로 지냄을 이르는 말.

호(呼)는 '부른다'는 뜻의 한자로, 호흡(呼吸-숨을 쉼), 호소(呼訴-억울하거나 딱한 사정을 남에게 하소연함), 호칭(呼稱-이름지어 부름. 이름) 등에 사용한다.
'숨을 쉰다'는 뜻의 호흡(呼吸)은 '숨을 내쉰다'는 호(呼)와 '숨을 들이쉰다'는 흡(吸)으로 이루어져 있다.

참고표현

호부호모(呼父呼母) : 아버지라고 부르고 어머니라고 부름. 곧 부모로 모심을 이르는 말이다.
지호지간(指呼之間) : 손짓하여 부를 만큼 가까운 거리.
오호통재(嗚呼痛哉) : '아, 비통하다'라는 뜻으로, 슬플 때나 탄식할 때 하는 말.
일반적으로 '오호통재라'라고 사용한다.

兄

형 **형**

弟

아우 **제**

145

건곤일척 乾坤一擲

하늘 **건**, 땅 **곤**, 한 **일**, 던질 **척**

> 천하를 두고 한번에 모든 것을 건다는 뜻으로, 운명을 걸고 단판걸이로 승패를 겨룸을 이르는 말.

건곤일척은 중국 당나라 때 문장가인 한유가, 천하를 놓고 항우와 유방이 겨룬 해하 전투를 떠올리며 지은 시 〈과홍구(過鴻溝)〉에 나오는 표현이다.
건곤(乾坤)은 '하늘과 땅', '천지'를 가리키는 표현으로, 태극기에 나오는 괘 가운데 '☰(건)'과 '☷(곤)'을 가리킨다. 나머지 두 괘는 물을 뜻하는 '☵(감)', 불을 뜻하는 '☲(이)'이다.
하나 더! 건(乾)은 '마르다'라는 뜻으로 쓸 때는 '간'으로 발음한다.

참고표현

간목수생(乾木水生) : 마른나무에서 물이 난다는 뜻으로, 아무것도 없는 사람에게 무리하게 무엇을 내라고 요구함을 이르는 말.

乾

하늘 건

水

물 수

146

백년하청 百年河淸

일백 **백**, 해 **년**, 강 **하**, 맑을 **청**

> 중국의 황허강[黃河江]이 늘 흐려 맑을 때가 없다는 뜻으로, 아무리 오랜 시일이 지나도 어떤 일이 이루어지기 어려움을 이르는 말.

황하(黃河, 누럴 황, 강 하)는 명칭에서도 알 수 있듯이, 영원히 누런 황토흙을 머금고 흐른다. 그런 황허가 맑아지길 100년 동안 기다린다고 해도 맑아지기는 불가능하다는 의미를 품고 있다. 이처럼 아무리 바라고 기대해도 이루어질 수 없는 일을 나타내는 표현은 또 있다.

비슷한말

연목구어(緣木求魚) : 나무에 올라가서 물고기를 구한다는 뜻으로, 도저히 불가능한 일을 굳이 하려 함을 비유적으로 이르는 말.

육지행선(陸地行船) : 육지에서 배를 저으려 한다는 뜻으로, 안 되는 일을 억지로 하려고 함을 비유적으로 이르는 말.

河

강 하

淸

맑을 청

147

이란투석 以卵投石

써 이, 알 란, 던질 투, 돌 석

> 달걀로 돌을 친다는 뜻으로, 아주 약한 것으로 강한 것에 대항하려는 어리석음을 비유적으로 이르는 말.

이란투석은 이룰 수 없는 것을 이루려는 어리석음을 나타내기도 하지만, 불가능한 일을 가리킬 때도 쓴다.
앞서 살펴본 육지행선이나 연목구어, 백년하청 등과 비슷한 의미를 갖는 셈이다.
이 표현은 우리 속담에도 나오는데, '달걀로 바위치기'가 그것이다.

비슷한말

이란격석(以卵擊石) : 달걀로 돌을 친다는 뜻으로, 아주 약한 것으로 강한 것에 대항하려는 어리석음을 비유적으로 이르는 말.

예문 지금 그들에게 저항하는 것은 이란투석에 불과하니, 조금 더 기회를 살피도록 하자.

卵

알 란

投

던질 투

148 옥석구분 玉石俱焚

구슬 **옥**, 돌 **석**, 함께 **구**, 불태울 **분**

> 옥과 돌이 모두 다 불에 탄다는 뜻으로, 옳은 사람이나 그른 사람이 구별 없이 모두 재앙을 받음을 이르는 말.

귀한 옥과 하잘것없는 돌을 함께 태운다는 뜻으로, 좋은 것과 나쁜 것, 옳은 사람과 그른 사람이 모두 피해를 보는 상황을 가리킨다.
위 표현에서 구분(俱焚)은 '함께 태운다'는 뜻이다. 자칫하면 구분(區分-일정한 기준에 따라 갈라 나눔)으로 이해할 수 있으니 조심해야 한다.
실제로, 좋은 것과 나쁜 것, 옳은 것과 그른 것을 구분해야 한다는 뜻으로, '옥석을 가려야 한다'는 표현도 자주 사용한다.

참고표현

옥석혼효(玉石混淆) : 옥과 돌이 한데 섞여 있다는 뜻으로, 좋은 것과 나쁜 것이 한데 섞여 있음을 이르는 말.

예문 그 사건으로 말미암아 조정에서는 옥석구분의 사태가 발생해, 수많은 충신이 목숨을 잃고 말았다.

玉

구슬 옥

石

돌 석

149

백해무익 百害無益

일백 **백**, 손해 **해**, 없을 **무**, 이익 **익**

해롭기만 하고 이로운 바는 하나도 없음.

세상에 해만 주고 이익은 단 하나도 없는 경우는 흔치 않은데, 바로 그런 경우를 가리키는 표현이다.

익(益)은 '더하다'라는 뜻과 함께 '이익'을 가리킬 때도 쓴다.

이익(利益-물질적으로나 정신적으로 보탬이 되는 것), 손익(損益-손해와 이익), 유익(有益-이롭거나 도움이 됨) 등에 쓴다.

참고표현

도로무익(徒勞無益) : 헛되이 애만 쓰고 아무런 이로움이 없음.

익자삼우(益者三友) : 사귀어서 자기에게 도움이 되는 세 가지의 벗. 심성이 곧은 사람과 믿음직한 사람, 견문이 넓은 사람을 이른다.

예문 그야말로 백해무익한 짓이니 너는 절대 그 패거리에 끼지 말거라.

害

손해 **해**

益

이익 **익**

150

동서고금 東西古今

동녘 **동**, 서녘 **서**, 옛 **고**, 지금 **금**

| 동양과 서양, 옛날과 지금을 통틀어 이르는 말.

동서고금은 대비되는 글자들을 모아 다양한 모습을 나타내는 표현이다.
고사성어에는 이렇게 대비되는 글자들을 모아 만든 경우가 여럿 있다.

참고표현

이해득실(利害得失) : 이로움과 해로움, 얻음과 잃음을 아울러 이르는 말.
이합집산(離合集散) : 헤어졌다가 만나고, 모였다가 흩어짐.
길흉화복(吉凶禍福) : 길하고 흉하며, 화가 발생하고 복이 일어남.

예문 동서고금을 통틀어 가장 슬픈 사랑 이야기는 역시 로미오와 줄리엣이야.

古

옛 고

今

지금 금

151 금석지감 今昔之感

지금 **금**, 옛 **석**, 조사 **지**, 느낌 **감**

| 지금과 옛날의 차이가 너무 심하여 생기는 느낌.

금석지감을 느끼는 경우는, 예전에 화려했으나 지금은 퇴락한 지역을 찾았을 때, 또는 자신이 과거에 살던 지역을 찾아가 크게 변한 모습을 보았을 때 등이다.
이와 비슷한 느낌은 또 있다.

비슷한말

격세지감(隔世之感) : 오래지 않은 동안에 몰라보게 변하여 아주 다른 세상이 된 것 같은 느낌.
감구지회(感舊之懷) : 지난 일을 떠올리며 느끼는 회포.
실제로는 이를 줄인 감회(感懷)를 자주 쓴다.

예문 다 허물어진 절터를 찾고 보니 금석지감을 지울 수 없다.

今

지금 금

昔

옛 석

152

무소불위 無所不爲

없을 **무**, 장소 **소**, 아니 **불**, 할 **위**

| 하지 못하는 일이 없음.

무소불위는 단순히 하지 못하는 일이 없는 것보다는, 힘과 권력을 이용해 온갖 일을 밀어붙이는 모습을 가리킨다. 그래서 무소불위는 능력이 뛰어난 사람이 아니라, 권력을 등에 업고 불법적 힘을 구사할 때 자주 사용하는 표현이다.

참고표현

무소부지(無所不知) : 모르는 것이 없음.

무소부지(無所不至) : 이르지 아니한 데가 없음.

무소기탄(無所忌憚) : 아무 꺼릴 바가 없음.

예문 무소불위의 권력을 휘두를 때는 두려울 게 없었지만, 권력이 떨어진 지금 그는 상갓집 강아지 신세가 되고 말았다.

所

장소 소

爲

할 위

153

조령모개朝令暮改

아침 **조**, 명령 **령**, 저물 **모**, 고칠 **개**

> 아침에 명령을 내렸다가 저녁에 다시 고친다는 뜻으로, 법령을 자꾸 고쳐서 갈피를 잡기가 어려움을 이르는 말.

법이나 명령이 아니더라도 자주 바꾸면 적응하기도 어렵고 지키기도 어렵다.
따라서 조령모개는 좋지 않은 정책을 비판할 때 자주 사용한다.
《사기》에 나오는 말이다.

비슷한말

조변석개(朝變夕改) : 아침저녁으로 뜯어고친다는 뜻으로, 계획이나 결정 따위를 일관성이 없이 자주 고침을 이르는 말.

예문 이 정부 들어서는 모든 법령이 조령모개식으로 운영되어 갈피를 잡을 수 없다.

명령 **령**

154

주객전도 主客顚倒

주인 **주**, 손님 **객**, 뒤집힐 **전**, 넘어질 **도**

> 주인과 손님의 위치가 서로 뒤바뀐다는 뜻으로, 사물의 경중·선후·완급 따위가 서로 뒤바뀜을 이르는 말.

주객전도는 단순히 주인공과 손님이 뒤바뀌는 경우 외에도, 일을 잘못 처리할 때 자주 사용한다.

실생활에서는 '본말이 전도되었다'라는 표현을 쓰는 경우가 많다.

'뿌리와 잎사귀가 뒤바뀌었다'는 말로, 중요한 것과 사소한 것을 헷갈린다는 뜻이다.

비슷한말

객반위주(客反爲主) : 손이 도리어 주인 노릇을 한다는 뜻으로, 부차적인 것을 주된 것보다 오히려 더 중요하게 여김을 이르는 말.

예문 이 사건을 보면 주객전도라는 말이 딱 알맞다. 피해자가 피고가 되고, 가해자가 원고 노릇을 하고 있으니 말이다.

主

주인 주

客

손님 객

155

적반하장 賊反荷杖

도둑 **적**, 반대 **반**, 규탄할 **하**, 지팡이 **장**

> 도둑이 도리어 매를 든다는 뜻으로, 잘못한 사람이 아무 잘못도 없는 사람을 나무람을 이르는 말.

실생활에서 자주 쓰는 표현으로, 잘못한 책임이 있는 사람이 오히려 상대방을 공격하거나 비난할 때 사용한다.
이런 경우는 오래전부터 흔했던 듯하다. 우리 속담에도 '방귀뀐 놈이 성낸다', '도둑놈이 도둑놈이야 한다' 같은 표현이 있으니 말이다.

나의 반대편에 서 있는 대상을 가리키는 '적'에는 두 가지 한자가 있다. 하나는 적(敵)으로, 이는 '서로 싸우거나 해치고자 하는 상대', '경기나 시합 따위에서 승부를 겨루는 상대편'을 가리킨다. 한 나라가 전쟁을 벌이는 상대도 적(敵)이다.
다른 하나는 적(賊)으로, 이는 '남의 물건을 훔치거나 빼앗는 따위의 나쁜 짓을 일삼는 사람'을 가리킨다. 그래서 도적(盜賊-남의 물건을 훔치거나 빼앗는 따위의 나쁜 짓. 또는 그런 짓을 하는 사람)이나, 의적(義賊-탐관오리들의 재물을 훔쳐다가 가난한 사람을 도와주는 의로운 도적) 같은 단어에 사용한다.

예문 적반하장도 유분수지, 지금 누가 누구를 야단치는 것이니?

反

반대 **반**

156

하로동선 夏爐冬扇

여름 **하**, 난로 **로**, 겨울 **동**, 부채 **선**

> 여름의 화로와 겨울의 부채라는 뜻으로, 격(格)이나 철에 맞지 아니함을 이르는 말.

《논형(論衡)》에 나오는 말이다. 하로동선은 쓸모없는 행동이나 물건을 가리킬 때 쓰는 표현인 듯하다. 하지만, 남보다 앞서 물품이나 행동을 준비하는 경우에도 쓴다.

하(夏)는 '여름'을 가리키는 글자로, 하지(夏至-24절기의 하나로, 양력 6월 21일이나 22일경), 입하(立夏-24절기의 하나로, 양력 5월 5일 또는 6일경), 하계(夏季-여름의 시기) 등 여름을 가리키는 단어에 자주 사용한다.

참고표현

동충하초(冬蟲夏草) : 동충하초과의 버섯을 통틀어 이르는 말. 거미, 매미, 나비, 벌 따위의 곤충의 사체에 기생하여 자실체를 낸다. 겨울에는 벌레이던 것이 여름에는 풀로 변한다는 뜻이다.

예문 하로동선이라는 말이 있듯이, 무엇이든 일찌감치 대비해서 나쁠 것은 없단다.

夏

여름 **하**

冬

겨울 **동**

157

취생몽사 醉生夢死

취할 **취**, 날 **생**, 꿈 **몽**, 죽을 **사**

> 술에 취하여 자는 동안에 꾸는 꿈 속에 살고 죽는다는 뜻으로, 한평생을 아무 하는 일 없이 흐리멍덩하게 살아감을 비유적으로 이르는 말.

취(醉)는 '취하다'라는 뜻을 갖는 글자로, 취객(醉客-술에 취한 사람), 만취(滿醉-술에 잔뜩 취함) 등에 쓴다.

참고표현

취중진담(醉中眞談) : 술에 취한 동안 털어놓는, 진심에서 우러나온 말.

자아도취(自我陶醉) : 스스로에게 황홀하게 빠지는 일.

여광여취(如狂如醉) : 미친 듯도 하고 취한 듯도 하다는 뜻으로, 이성을 잃은 상태를 비유적으로 이르는 말.

예문 나는 그 무렵 좌절에 좌절을 거듭한 끝에 취생몽사의 심정으로 살고 있었다.

我

나 아

醉

취할 취

158

비몽사몽 非夢似夢

아닐 **비**, 꿈 **몽**, 닮을 **사**, 꿈 **몽**

완전히 잠이 들지도, 잠에서 깨어나지도 않은 어렴풋한 상태.

잠을 제대로 이루지 못하는 경우를 가리킬 때 자주 사용하는 표현이다.
이렇게 제대로 잠을 자지 못하는 모습을 나타내는 표현은 또 있다.

참고표현

전전반측(輾轉反側) : 누워서 몸을 이리저리 뒤척이며 잠을 이루지 못함.

예문 비몽사몽간에 들려온 합격 통지 소식에 갑자기 정신이 번쩍 들었다.

非

아닐 **비**

似

닮을 **사**

159 외유내강 外柔內剛

밖 **외**, 부드러울 **유**, 안 **내**, 굳셀 **강**

> 겉으로는 부드럽고 순하게 보이나 속은 곧고 굳셈.

사람의 품성을 가리킬 때 자주 사용하는 표현으로, 겉으로는 늘 웃음을 머금은 채 부드럽게 보이나 내면은 결코 흔들리지 않는 굳센 심성을 가진 사람을 가리킨다.

반대말

외강내유(外剛內柔) : 겉으로 보기에는 강하게 보이나 속은 부드러움.

참고표현

유능제강(柔能制剛) : 부드러운 것이 오히려 굳센 것을 이김.

예문 그는 품성이 외유내강이라서 쉽게 포기하지 않을 것이다.

外

밖 외

制

만들 제

160

중과부적 衆寡不敵

무리 **중**, 적을 **과**, 아니 **불**, 원수 **적**

| 적은 수효로 많은 수효를 대적하지 못함.

이 표현에 나오는 한자 가운데 눈여겨볼 글자가 있다.
과(寡)는 '작다, 적다, 드물다, 외롭다' 같은 뜻을 갖는다.
그래서 중과(衆寡)는 '무리의 숫자가 적다'는 뜻이다.
이 글자가 들어가는 단어 가운데 다과(多寡)가 있다. '수량의 많고 적음'을 가리키는 단어인데, 이때 다(多)는 '많음', 과(寡)는 '적음'을 나타낸다.
한편 같은 음을 가진 과(過)는 '넘치다, 뛰어넘다, 지나가다' 같은 뜻을 갖는다. 그래서 앞서 살펴본 과유불급(過猶不及 -지나침은 미치지 못함과 같다)에 사용한다.
두 글자는 소리는 같은데, 반대되는 뜻을 갖기에 사용할 때 유의해야 한다.

참고표현

과다(過多) ; 너무 많음.
다과(多寡) : 수량의 많고 적음.

衆

무리 중

161 간장막야 干將莫耶

방패 **간**, 장차 **장**, 없을 **막**, 조사 **야**

| 중국 춘추 시대에 만든 두 자루의 명검.

간장은 오나라의 검을 만드는 장인이고, 막야는 그의 아내였다. 와신상담(臥薪嘗膽)에 나오는 오나라 왕 합려(闔閭)는 간장을 불러, 명검을 만들어 바치라고 명령한다. 이에 간장은 아내인 막야의 머리카락과 손톱을 쇠와 함께 가마 속에 넣어 녹인 후 칼 두 자루를 만든다.

그런 다음 한 자루에는 자신의 이름인 간장을, 다른 한 자루에는 아내의 이름인 막야를 새겨 넣었다.

두 자루 칼은 이후 음과 양을 상징하면서 천하의 명검으로 이름을 날렸다는 데서 나온 표현이다.

오늘날은 뛰어난 명품을 가리킬 때 비유적으로 사용한다.

예문 오늘날에는 간장막야 같은 명품은 없고, 오직 자신의 돈을 과시하려는 사치품만 난무할 뿐이다.

將

장차 **장**

162 경적필패 輕敵必敗

가벼울 **경**, 적 **적**, 반드시 **필**, 패할 **패**

| 적을 얕보면 반드시 패함.

우리 속담에 '사자가 토끼를 잡을 때도 최선을 다한다'라는 게 있는데, 아무리 약한 상대라도 절대 얕보면 안 된다는 표현이다.

비슷한말

교병필패(驕兵必敗) : 교만한 군대는 반드시 패함.

참고표현

필사즉생(必死卽生) : 죽을 각오로 싸우면 살아남.

예문 경적필패인데, 너는 어찌 모든 상대를 우습게 보느냐?

必

반드시 **필**

兵

병사 **병**

163

난공불락 難攻不落

어려울 **난**, 공격할 **공**, 아니 **불**, 떨어질 **락**

| 공격하기가 어려워 쉽사리 함락되지 아니함.

본래 군사용어인 난공불락은 요즘에는 다양한 분야에서 사용하고 있다.
스포츠에서도 강력한 상대를 가리킬 때 '난공불락의 상대'라는 표현을 쓰고, 마케팅에서도 시장을 주도하는 강자를 난공불락이라고 한다.
난(難)은 '어렵다'라는 뜻으로, 앞서 살펴본 진퇴양난(進退兩難) 등의 표현에 등장한다.

참고표현

중구난방(衆口難防) : 뭇사람의 말을 막기가 어렵다는 뜻으로, 제지하기 어려울 정도로 여럿이 마구 지껄임을 이르는 말.

예문 안시성은 난공불락의 요새여서 무적이라고 일컫던 당나라 군대도 함락시킬 수 없었다.

攻

공격할 **공**

落

떨어질 **락**

164

속전속결 速戰速決

빠를 속, 싸울 전, 빠를 속, 정할 결

| 싸움을 오래 끌지 아니하고 빨리 몰아쳐, 이기고 짐을 결정함.

이 표현 역시 본래 전투 용어였으나, 오늘날에는 '어떤 일을 빨리 진행하여 빨리 끝냄을 비유적으로 이르는 말'로 자주 사용한다. 속전속결보다 더 빠른 표현도 있다.

참고표현

전광석화(電光石火) : 번갯불이나 부싯돌의 불이 번쩍거리는 것과 같이 매우 짧은 시간이나 매우 재빠른 움직임 따위를 비유적으로 이르는 말.

예문 속전속결로 일을 처리해야 한다.

예문 전광석화와 같은 공격으로 상대방을 제압했다.

速

빠를 속

決

정할 결

165

파죽지세 破竹之勢

쪼갤 **파**, 대나무 **죽**, 조사 **지**, 기세 **세**

> 대나무를 세로로 쪼개는 기세라는 뜻으로, 적을 거침없이 물리치고 쳐들어가는 기세를 이르는 말.

대나무는 세로로 힘을 주면 길게 한 번에 자를 수 있다. 그 모습에서 파죽지세라는 표현이 나왔다.
중국 서진(265-317)의 유명한 장수 두예와 관련된 일화에서 비롯한 표현이다.
두예의 휘하 장수 하나가 "지금은 봄이라 강물이 불어나고 있으니 겨울에 공격하는 것이 어떻겠습니까?" 하자, 두예가 "우리 병사들의 사기가 하늘을 찌를 듯하니, 대나무를 쪼개는 것과 같다. 한 번 출전하면 대나무를 쪼개듯 끝까지 진격할 것이다." 하며 출진하여 적을 크게 무찔렀다.

예문 아군은 파죽지세로 공격을 거듭하고 있다.

破

쪼갤 **파**

竹

대나무 **죽**

166 승승장구 乘勝長驅

탈 승, 이길 승, 길 장, 몰 구

| 싸움에 이긴 형세를 타고 계속 몰아침.

글자 뜻을 보면, '승리에 올라타 오래도록 몰아감'이다. 그렇게 승리의 힘을 바탕으로 계속 몰아치는 모습을 가리킨다.
앞서 살펴본 파죽지세와 흡사한 뜻을 가지고 있다.

참고표현

욱일승천(旭日昇天) : 아침 해가 하늘에 떠오르는 것과 같은 기세.

예문 우리 팀은 예선전부터 승승장구하며 결승전까지 도달했다.

예문 욱일승천의 기세를 탄 아군의 움직임을 막을 자는 아무도 없었다.

乘

탈 승

勝

이길 승

167 약육강식 弱肉强食

약할 **약**, 고기 **육**, 굳셀 **강**, 먹을 **식**

> 약한 자가 강한 자에게 먹힌다는 뜻으로, 강한 자가 약한 자를 희생시켜서 번영하거나, 약한 자가 강한 자에게 끝내는 멸망됨을 이르는 말.

약육강식의 글자 뜻을 풀면, '약한 것의 고기를, 강한 것이 먹는다'가 된다. 피도 눈물도 없는 현상을 가리킨다고 하겠다.

참고표현

적자생존(適者生存) : 환경에 적응하는 생물만이 살아남고, 그러지 못하는 것은 도태되어 멸망하는 현상. 영국의 철학자 스펜서가 제창하였다.

예문 세상은 약육강식의 현장이다. 우리는 자비를 베풀지언정 상대방의 자비를 기대해서는 안 된다.

弱

약할 약

强

굳셀 강

168 생존경쟁 生存競爭

날 **생**, 있을 **존**, 겨룰 **경**, 다툴 **쟁**

| 생물이 생장과 생식 등에서 보다 좋은 조건을 얻기 위해서 하는 다툼.

다윈이 펼친 진화론의 중심 개념으로, 생물의 증식 능력이 높아지는 반면, 필요한 먹이나 생활 공간 따위가 부족하여 나타나는 현상이다. 생존경쟁의 결과 경쟁에서 패한 생명체에게 발생하는 현상이 있다.

참고표현

자연도태(自然淘汰) : 자연계에서 그 생활 조건에 적응하는 생물은 생존하고, 그러지 못한 생물은 저절로 사라지는 일. 다윈이 도입한 개념이다.

예문 생존경쟁에서 뒤처진 사람들이 반드시 능력이 부족한 것은 아니다.

存

있을 존

競

겨룰 경

169

동족상잔 同族相殘

같을 **동**, 겨레 **족**, 서로 **상**, 해칠 **잔**

| 같은 겨레끼리 서로 싸우고 죽임.

우리 민족에게는 커다란 아픔으로 남아 있는 한국전쟁이 바로 동족상잔의 비극이었다.
그러나 세계사를 살펴보면, 동족상잔의 비극이 우리만의 것이 아님을 알 수 있다.

비슷한말

골육상쟁(骨肉相爭) : 가까운 혈족끼리 서로 싸움.

참고표현

공존공영(共存共榮) : 함께 살며 함께 번영함.

예문 그 가문은 유산을 사이에 두고 벌인 골육상쟁의 결과 결국 사라지고 말았다.

族

겨레 족

相

서로 상

170

논공행상 論功行賞

논할 **논**, 공로 **공**, 행할 **행**, 상 **상**

공적의 크고 작음 따위를 논의하여 그에 알맞은 상을 줌.

큰 전쟁이나 사건이 일어난 후에는 반드시 논공행상이 이루어진다. 이는 오늘날에도 마찬가지여서, 대통령 선거에서 이긴 후보는, 자신을 지지해 준 사람을 중요한 자리에 임명하는 것이 당연시되고 있다. 논공행상은 다음과 같은 기준에 따라 이루어진다.

참고표현

신상필벌(信賞必罰) : 공이 있는 자에게는 반드시 상을 주고, 죄가 있는 사람에게는 반드시 벌을 준다는 뜻으로, 상과 벌을 공정하고 엄중하게 하는 일을 이르는 말.

예문 이괄의 난은 논공행상에 불만을 품은 이괄이 일으킨 난으로, 정묘호란의 원인이 되기도 했다.

行

행할 **행**

賞

상 **상**

171 지상명령 至上命令

다할 **지**, 위 **상**, 명령 **명**, 우두머리 **령**

| 가장 높은 곳에 놓인 명령. 즉, 누구도 거역할 수 없는 명령.

칸트 철학에서, 행위의 결과에 구애됨이 없이 행위 그것 자체가 선(善)이기 때문에 무조건 그 수행이 요구되는 도덕적 명령으로부터 유래한 표현이다.

이 표현에서 조심해야 할 것은 지상(至上), 즉 '더할 수 없이 높다'는 단어다.

일반적으로 자주 쓰는 단어, 즉 '땅 위'를 가리키는 한사는 '지상(地上)'이다.

참고표현

지상과제(至上課題) : 반드시 처리하거나 해결해야 할, 더할 나위 없이 으뜸가는 문제.

천지신명(天地神明) : 천지의 조화를 주재하는 온갖 신령.

예문 이번 전투에서의 승리야말로 우리에게 떨어진 지상명령이다. 모두 최선을 나하자.

至

다할 **지**

命

명령 **명**

172 백중지세 伯仲之勢

맏 **백**, 버금 **중**, 조사 **지**, 기세 **세**

서로 우열을 가리기 힘든 형세.

위나라 문제(文帝)의《전론(典論)》에서 나온 말이다. 줄여서 백중(伯仲) 또는 백중세라고도 하는 표현으로, 맏이를 가리키는 백(伯)과 둘째를 가리키는 중(仲)자를 모아 만들었다. 두 형제 사이에 우열을 가릴 수 없다는 뜻을 갖는다. 백(伯)이 맏이를 가리키기에 큰아버지는 백부(伯父), 둘째아버지는 중부(仲父), 작은아버지는 숙부(叔父)라고 부른다.

비슷한말

막상막하(莫上莫下) : 더 낫고 더 못함의 차이가 거의 없음.

난형난제(難兄難弟) : 누구를 형이라 하고 누구를 아우라 하기 어렵다는 뜻으로, 두 사물이 비슷하여 낫고 못함을 정하기 어려움을 이르는 말.

호각지세(互角之勢) : 역량이 서로 비슷비슷한 위세.

예문 지금 경기 양상은 백중지세로 흘러가고 있습니다.

伯

맏 **백**

仲

버금 **중**

173 완벽 完璧

완전할 **완**, 둥근 옥구슬 **벽**

> 흠이 없는 구슬이라는 뜻으로, 결함이 없이 완전함을 이르는 말.

중국 전국 시대에 강대국인 진(秦)나라 소양왕은 조나라가 가지고 있던 유명한 구슬인 화씨의 벽(璧-구슬 벽)이 탐났다. 이에 열다섯 개의 성과 화씨의 구슬을 바꾸자고 제안하였다. 그리하여 조나라의 사신 인상여(藺相如)는 화씨의 구슬을 가지고 진나라에 들어갔다. 하지만, 소양왕이 구슬만 탐낼 뿐 성을 줄 뜻이 없음을 깨닫고는 목숨을 걸고 구슬을 지킨다. 그런 다음 구슬에 하나의 흠도 내지 않은 채 고스란히 간직하고 귀국길에 오를 수 있었다. 이 고사로부터 완벽(完璧), 즉 '완전한 구슬'이라는 표현이 탄생했다.

이처럼 고대 중국에서 구슬은 단순한 장신구가 아니라 매우 소중한 물건을 가리킨다. 그래서 고사성어에서 벽(璧)은 중요한 의미를 갖는 경우가 많다.

참고표현

쌍벽(雙璧) : 여럿 가운데 특별히 뛰어난, 우열을 가리기 어려운 둘을 비유적으로 이르는 말.

完

완전할 **완**

174

오십보백보 五十步百步

다섯 오, 열 십, 걸음 보, 일백 백, 걸음 보

> 조금 낫고 못한 정도의 차이는 있으나 본질적으로는 차이가 없음을 이르는 말.

중국 양(梁)나라 혜왕(惠王)이 맹자에게 정치를 어떻게 해야 하는지 질문하였다. 이에 맹자는 왕도정치에 대해 이야기했는데, 혜왕은 계속 눈앞의 이익만을 추구하였다. 이에 맹자가 말했다.

"전쟁에 패하여 어떤 자는 백 보를, 또 어떤 자는 오십 보를 도망했다면, 백 보를 물러간 사람이나 오십 보를 물러간 사람이나 도망한 것에는 양자의 차이가 없습니다."

이때부터 별 차이가 없는 것들은 모두 그게 그거라는 표현으로 쓰고 있다.

우리 속담에도 '건더기 먹은 놈이나, 국물 먹은 놈이나'라는 속담이 있다. 남의 국을 먹은 것은 똑같은데, 서로 누가 낫다고 우기는 것이 의미가 없다는 뜻이다.

또 '한식에 죽으나 청명에 죽으나'라는 속담도 있다. 한식은 명절의 하나로 동지에서 105일째 되는 날로 4월 5일이나 6일, 청명은 24절기 가운데 하나로 4월 5일 무렵이다. 따라서 한식에 죽으나 청명에 죽으나 그게 그거라는 뜻으로 쓴다.

步

걸음 보

175

기사회생 起死回生

일어날 **기**, 죽을 **사**, 돌아올 **회**, 생명 **생**

거의 죽을 뻔하다가 도로 살아남.

글자 뜻을 보면, '죽은 상태에서 일어나 생명체로 돌아온다'는 내용이다. 그만큼 위기에서 탈출하는 모습을 가리킨다.

비슷한말

구사일생(九死一生) : 아홉 번 죽을 뻔하다 한 번 살아난다는 뜻으로, 죽을 고비를 여러 차례 넘기고 겨우 살아남을 이르는 말.

예문 지난 경기에서 기사회생한 그 팀은 결승전에서는 의외로 쉽게 승리하였다.

起

일어날 **기**

回

돌아올 **회**

176

추풍낙엽 秋風落葉

가을 **추**, 바람 **풍**, 떨어질 **낙**, 잎사귀 **엽**

> 가을바람에 떨어지는 나뭇잎처럼, 어떤 형세나 세력이 갑자기 기울어지거나 헤어져 흩어지는 모양을 비유적으로 이르는 말.

가을에 세찬 바람이 한 번 불면, 나무에서 엄청난 양의 잎이 떨어진다. 그 모양을 빗대어 만든 표현이다.

참고표현

풍비박산(風飛雹散) : 사방으로 바람이 날리고 우박이 흩어지는 모습.

예문 우리 팀을 만나는 팀은 모두 추풍낙엽의 신세가 되고 말았다.

秋

가을 추

散

흩을 산

177 고장난명 孤掌難鳴

외로울 **고**, 손바닥 **장**, 어려울 **난**, 울 **명**

> 외손뼉만으로는 소리가 울리지 아니한다는 뜻으로, 혼자의 힘만으로 어떤 일을 이루기 어려움을 이르는 말.

우리 속담에 '백짓장도 맞들면 낫다'라는 말이 있는데, 그런 상황을 가리키는 표현이다.

고(孤)는 '외롭다'는 뜻을 갖는 글자로, 고아(孤兒-부모를 여의거나 버림받아 몸 붙일 곳이 없는 아이), 고독(孤獨-세상에 홀로 떨어져 있는 듯이 매우 외롭고 쓸쓸함) 같은 단어에 쓴다.

참고표현

고군분투(孤軍奮鬪)

「1」 따로 떨어져 도움을 받지 못하게 된 군사가, 많은 수의 적군과 용감하게 잘 싸움.

「2」 남의 도움을 받지 아니하고 힘에 벅찬 일을 잘해 나가는 것을 비유적으로 이르는 말.

예문 동생이 마음에 안 드는 면이 있더라도 네가 이해해라. 고장난명이라고, 동생이 네게 큰 도움을 줄 때가 있을 것이다.

孤

외로울 **고**

178 새옹지마 塞翁之馬

변방 **새**, 늙은이 **옹**, 조사 **지**, 말 **마**

> 변방 늙은이의 말이라는 뜻으로, 인생의 길흉화복은 변화가 많아서 예측하기가 어렵다는 말.

옛날에 중국에서, 새옹이 기르던 말이 오랑캐 땅으로 달아나자 사람들이 노인을 위로하였다. 그러나 노인은 "오히려 이것이 좋은 일일지도 모르오." 하며 낙심하지 않았다. 그런데 후에 달아났던 말이 또 다른 뛰어난 말 한 필을 끌고 와서 그 덕분에 훌륭한 말을 얻게 되었다. 이에 사람들이 노인에게 축하하자, 노인이 다시 말했다. "이 일이 해가 될지도 모르오."
아니나 다를까, 아들이 그 준마를 타다가 떨어져서 다리가 부러졌다. 다시 사람들이 노인을 위로했으나, 노인은 이번에도 담담하였다. 얼마 후 전쟁이 나자 모두 전장으로 끌려갔는데, 아들만은 다리를 다쳐 전쟁에 끌려 나가지 아니하고 죽음을 면할 수 있었다.
《회남자》에 나오는 말이다.

비슷한말

전화위복(轉禍爲福) : 재앙과 근심, 걱정이 바뀌어 오히려 복이 됨.

예문 인간만사 새옹지마란다. 눈앞의 이익에 연연해하지 말거라.

福

복 복

179 매염봉우 賣鹽逢雨

팔 **매**, 소금 **염**, 만날 **봉**, 비 **우**

> 소금을 팔다가 비를 만났다는 뜻으로, 하려는 일에 뜻하지 아니한 장애가 생기게 됨을 이르는 말.

소금장수가 비를 만나면 낭패를 볼 수밖에 없다. 소금이 다 녹아 없어질 테니까.
그런 불운을 나타내는 표현이다.

반대말

맹귀부목(盲龜浮木) : 눈먼 거북이 우연히 뜬 나무를 붙잡았다는 뜻으로, 어려운 형편에 우연히 행운을 얻게 됨을 이르는 말.

참고표현

맹인직문(盲人直門) : 눈 먼 사람이 운 좋게 정문을 바로 찾아 들어간다는 뜻으로, 어리석은 사람이 어쩌다 이치에 들어맞는 일을 했음을 비유적으로 이르는 말.

예문 그 무렵 나는 매염봉우의 신세였다. 하는 일마다 예상치 못한 문제가 발생하곤 했다.

雨

비 우

180

사필귀정 事必歸正

일 **사**, 반드시 **필**, 돌아갈 **귀**, 바를 **정**

| 모든 일은 반드시 바른길로 돌아감.

세상 이치를 나타내는 표현은 다양하다. 그만큼 세상 돌아가는 방식이 간단하지 않기 때문일 것이다.

참고표현

고진감래(苦盡甘來) : 쓴 것이 다하면 단 것이 온다는 뜻으로, 고생 끝에 즐거움이 옴을 이르는 말.

흥진비래(興盡悲來) : 즐거운 일이 다하면 슬픈 일이 닥쳐온다는 뜻으로, 세상일은 순환되는 것임을 이르는 말.

운수소관(運數所關) : 모든 일이 운수에 달려 있어 사람의 힘으로는 어찌할 수 없음을 이르는 말.

예문 그가 이번에 유죄를 선고받은 것이야말로 사필귀정이다. 잘못은 언젠가 드러나기 마련이다.

歸

돌아갈 **귀**

正

바를 **정**

181 회자정리 會者定離

모일 **회**, 사람 **자**, 반드시 **정**, 헤어질 **리**

| 만난 자는 반드시 헤어짐. 모든 것이 무상함을 나타내는 말이다.

회자정리는 불교에서 유래한 표현인데, 오늘날에는 세상의 이치를 나타낼 때 자주 쓴다.
불교에는 이와 비슷한 표현, 그리고 정반대되는 표현도 있다.

비슷한말

생자필멸(生者必滅) : 생명이 있는 것은 반드시 죽음. 존재의 무상(無常)을 이르는 말이다.
월만즉휴(月滿則虧) : 달이 차면 반드시 이지러진다는 뜻으로, 무슨 일이든지 성하면 반드시 쇠하게 됨을 이르는 말. 불교 용어는 아니지만 뜻은 비슷하다.

반대말

거자필반(去者必返) : 떠난 사람은 반드시 돌아오게 되어 있음.

예문 너무 슬퍼말아라. 회자정리요, 생자필멸이니, 언젠가는 모두 헤어지기 마련이다.

者

사람 **자**

182

갑론을박 甲論乙駁

첫째천간 **갑**, 말할 **론**, 둘째천간 **을**, 논박할 **박**

| 여러 사람이 서로 자신의 주장을 내세우며 상대편의 주장을 반박함.

위 표현에서 갑(甲)과 을(乙)은 특별한 의미를 갖지 않고, 다양한 사람들을 가리킨다. 이 사람 저 사람이 서로 말로 다투는 모습을 나타내는 표현이다.

참고표현

왈가왈부(曰可曰否) : 어떤 일에 대하여 옳거니 옳지 아니하거니 하고 말함.

설왕설래(說往說來) : 서로 변론을 주고받으며 옥신각신함. 또는 말이 오고 감.

예문 이렇게 갑론을박만 하다가 언제 결정할 것입니까?

甲

첫째천간 **갑**

論

말할 **론**

183 유언비어 流言蜚語

흐를 **류**, 말씀 **언**, 벌레 **비**, 말씀 **어**

| 아무 근거도 없이 널리 퍼진 소문.

한자 뜻을 보면, 여러 가지 말이 벌레가 이리저리 날 듯 떠도는 모습을 가리킨다.
유언비어의 특징은 사실에 맞지 않는다는 것이다.

비슷한말

도청도설(道聽塗說) : 길에서 듣고 길에서 말한다는 뜻으로, 길거리에 퍼져 돌아다니는 뜬소문을 이르는 말. 《논어》에 나오는 말이다.

참고표현

가담항설(街談巷說) : 거리나 항간에 떠도는 소문. 이 표현은 헛소문일 수도 있지만 사실일 수도 있다는 면에서 유언비어와 차이가 있다.

예문 독재정부에서는 유언비어 단속이라는 명분 아래 정부를 비판하는 시민을 무차별적으로 억압하고 있다.

말씀 언

184

어불성설 語不成說

말씀 **어**, 아니 **불**, 이룰 **성**, 말씀 **설**

| 말이 조금도 사리에 맞지 아니함.

한자 뜻을 보면, '말이 말로서 성립하지 아니함'을 가리킨다. 앞뒤가 안 맞는 말을 하는 사람이 많기 때문인지 몰라도, 말과 관련해 좋지 않은 표현은 다양하다.

참고표현

언어도단(言語道斷) : 말할 길이 끊어졌다는 뜻으로, 어이가 없어서 말하려 해도 말할 수 없음을 이르는 말.

일구이언(一口二言) : 한 입으로 두말을 한다는 뜻으로, 한 가지 일에 대하여 말을 이랬다저랬다 함을 이르는 말.

식언(食言) : 한번 입 밖에 낸 말을 도로 입속에 넣는다는 뜻으로, 약속한 말대로 지키지 아니함을 이르는 말.

예문 네가 지금 하는 변명은 어불성설이다. 지난번에는 식언을 일삼더니, 이번에는 말도 안 되는 변명을 늘어놓는구나.

語

말씀 어

185

교언영색 巧言令色

아름다울 **교**, 말씀 **언**, 좋을 **영**, 낯 **색**

| 아첨하는 말과 알랑거리는 태도.

한자 뜻을 보면, 말을 아름답게 꾸며 하고 얼굴빛 역시 꾸며 웃는 낯을 보이는 모습이다.
이렇게 꾸미는 것은 당연히 상대방을 현혹하기 위한 것이다.

비슷한말

감언이설(甘言利說) : 귀가 솔깃하도록 남의 비위를 맞추거나 이로운 조건을 내세워 꾀는 말.
미사여구(美辭麗句) : 아름다운 말로 듣기 좋게 꾸민 글귀.

예문 교언영색이야말로 사기꾼들의 대표적인 특징이야. 그러니 네게 입에 발린 말을 하는 사람들을 조심해야 해.

巧

아름다울 교

令

좋을 영

186

견강부회 牽强附會

끌 견, 굳셀 강, 붙일 부, 모을 회

| 이치에 맞지 않는 말을 억지로 끌어 붙여 자기에게 유리하게 함.

되지도 않는 말을 끌어다가 붙여서 자신의 주장을 유리하게 이끄는 모습을 가리킨다.

비슷한말

단장취의(斷章取義) : 남이 쓴 문장이나 시의 한 부분을 그 문장이나 시가 가진 전체적인 뜻을 고려하지 아니하고 인용하는 일. 또는 그 인용으로 자기의 주장이나 생각을 합리화하는 일.

예문 자꾸 견강부회하지 마시고, 합리적인 방안이 무엇인지 논의를 거쳐 결정합시다.

強

굳셀 강

會

모을 회

187 장광설 長廣舌

길 **장**, 넓을 **광**, 혀 **설**

> 쓸데없이 길게 늘어놓는 말.

혀를 길고 넓게 늘어놓는 모습을 나타내는 재미있는 표현이다. 쓸데없는 말을 길게 늘어놓을 때는 감추거나 꾸며야 할 내용이 있기 때문이다.

비슷한말

중언부언(重言復言) : 이미 한 말을 자꾸 되풀이함.

만리장설(萬里長舌) : 장황하게 늘어놓는 말.

횡설수설(橫說竪說) : 조리가 없이 말을 이러쿵저러쿵 지껄임.

몽중설몽(夢中說夢) : 꿈속에서 꿈 이야기를 한다는 뜻으로, 무엇을 말하는지 종잡을 수 없음을 이르는 말.

예문 당신의 장광설을 듣는 것도 이제 힘이 듭니다. 그만 말씀하시고 표결에 부치기로 합시다.

廣

넓을 광

舌

혀 설

188

청산유수 靑山流水

푸를 청, 산 산, 흐를 유, 물 수

> 푸른 산에 흐르는 맑은 물이라는 뜻으로, 막힘없이 썩 잘하는 말을 비유적으로 이르는 말.

이 표현에는 말이라는 뜻이 담겨 있지 않지만, 숨은 뜻은 말을 막힘없이 잘한다는 것이다. 하지만 실생활에서는 긍정적으로 쓰기보다는 부정적으로 쓰는 경우가 많다.

비슷한말

현하지변(懸河之辯) : 물이 거침없이 흐르듯 잘하는 말.

예문 말은 청산유수처럼 잘하는구나. 그런데 행동은 왜 그 모양이니?

山

산 산

流

흐를 유

189

언중유골 言中有骨

말씀 **언**, 가운데 **중**, 있을 **유**, 뼈 **골**

> 말 속에 뼈가 있다는 뜻으로, 예사로운 말 속에 단단한 속뜻이 들어 있음을 이르는 말.

예사로운 듯 보이는 말도 유심히 살펴보면 중요한 뜻이 담겨 있음을 가리키는 표현이다.
우리 속담에도 '말 한 마디로 천냥 빚을 갚는다'는 게 있듯이, 말이라는 것은 참으로 중요해서 허투루 해서는 안 된다.

참고표현

촌철살인(寸鐵殺人) : 한 치의 쇠붙이로도 사람을 죽일 수 있다는 뜻으로, 간단한 말로도 남을 감동하게 하거나 남의 약점을 찌를 수 있음을 이르는 말.
정문일침(頂門一鍼) : 정수리에 침을 놓는다는 뜻으로, 따끔한 충고나 교훈을 이르는 말.

예문 자네 말을 듣고 보니 언중유골이네그려. 내 다시 한 번 생각해 보겠네.

骨

뼈 골

190 청풍명월 淸風明月

맑을 **청**, 바람 **풍**, 밝을 **명**, 달 **월**

| 맑은 바람과 밝은 달.

아름다운 자연을 가리키는 표현이다.

이 외에도 자연을 나타내는 표현은 다양하다.

참고표현

산자수명(山紫水明) : 산은 자줏빛이고 물은 맑다는 뜻으로, 경치가 아름다움을 이르는 말.

만산홍엽(滿山紅葉) : 단풍이 들어 온 산의 나뭇잎이 붉게 물들어 있음.

화조풍월(花鳥風月) : 꽃과 새와 바람과 달이라는 뜻으로, 천지간의 아름다운 경치를 이르는 말.

광풍제월(光風霽月) : 비가 갠 뒤의 맑게 부는 바람과 밝은 달.

예문 옛 선비들은 청풍명월을 노래하면서도 나라 걱정은 빠뜨리지 않았더군.

淸

맑을 **청**

風

바람 **풍**

191 만경창파 萬頃蒼波

일만 **만**, 이랑 **경**, 푸를 **창**, 물결 **파**

| 만 이랑의 푸른 물결이라는 뜻으로, 한없이 넓고 넓은 바다를 이르는 말.

경(頃)은 '밭 넓이를 가리키는 이랑'을 뜻하는 글자다. 따라서 만경(萬頃)은 드넓은 땅을 가리키는데, 전라북도 호남평야를 흐르는 강 이름이 바로 만경강(萬頃江)이다.
파도는 바다에서 이는 물결인데, 배를 뒤집는 무서운 힘을 갖고 있기도 하다.

참고표현

평지풍파(平地風波) : 평온한 자리에서 일어나는 풍파라는 뜻으로, 뜻밖에 분쟁이 일어남을 비유적으로 이르는 말. 당나라 시인 유우석(劉禹錫)의 〈죽지사(竹枝詞)〉에 나오는 말이다.
일파만파(一波萬波) : 하나의 물결이 연쇄적으로 많은 물결을 일으킨다는 뜻으로, 한 사건이 그 사건에 그치지 아니하고 잇따라 많은 사건으로 번짐을 이르는 말.

예문 현해탄을 건너며 맞이한 만경창파 푸른 물은 내게 많은 것을 생각하게 해 주었다.

萬

일만 **만**

192 동빙한설 凍氷寒雪

얼 동, 얼음 빙, 찰 한, 눈 설

| 얼어붙은 얼음과 차가운 눈이라는 뜻으로, 심한 추위를 이르는 말.

표현에 등장하는 모든 글자가 차고 추운 모습을 품고 있으니, 당연히 매서운 추위를 가리킨다.

삭막한 겨울을 나타내는 표현은 또 있다.

비슷한말

엄동설한(嚴冬雪寒) : 눈 내리는 깊은 겨울의 심한 추위.

북풍한설(北風寒雪) : 북쪽에서 불어오는 바람과 차가운 눈.

예문 동빙한설을 겪고 난 후 피어나는 매화야말로 우리 겨레의 기상이라고 하겠다.

氷

얼음 **빙**

寒

찰 **한**

193 양춘가절 陽春佳節

볕 **양**, 봄 **춘**, 아름다울 **가**, 절기 **절**

| 따뜻하고 좋은 봄철.

볕이 따스한 봄이야말로 아름다운 계절이라는 뜻이다. 앞서 살펴본 동빙한설, 엄동설한을 이겨내고 맞이하는 계절이기 때문에 더욱 아름다운 것이 아닐까.

참고표현

만화방창(萬化方暢) : 따뜻한 봄날에 온갖 생물이 나서 자라 흐드러짐.

녹음방초(綠陰芳草) : 푸르게 우거진 나무와 향기로운 풀이라는 뜻으로, 여름철의 자연 경관을 이르는 말.

예문 양춘가절을 맞아 온 가족이 함께 모이니 더 이상 바랄 게 없구나.

陽

볕 양

春

봄 춘

194

오상고절 傲霜孤節

거만할 **오**, 서리 **상**, 외로울 **고**, 절개 **절**

> 서릿발이 심한 속에서도 굴하지 아니하고 외로이 지키는 절개라는 뜻으로, '국화'를 이르는 말.

사전에 따르면, 국화꽃을 비유적으로 나타내는 표현이 오상고절이다. 그 외에, 세상의 속됨과 혼탁함 속에서도 꿋꿋이 절개를 지키는 선비의 모습을 가리키기도 한다.

참고표현

상풍고절(霜風高節) : 어떠한 어려움에 처하여도 굽히지 아니하는 높은 절개.

독야청청(獨也靑靑) : 남들이 모두 절개를 꺾는 상황 속에서도 홀로 절개를 굳세게 지키고 있음을 비유적으로 이르는 말.

예문

국화야 너는 어이 삼월동풍 다 지내고
낙목한천에 네 홀로 피었는다
아마도 오상고절은 너뿐인가 하노라

조선 시대 대제학을 지낸 이정보(1693-1766)가 읊은 시조다.

節

절개 **절**

195

화광동진 和光同塵

화합할 **화**, 빛 **광**, 같을 **동**, 먼지 **진**

> 빛을 감추고 티끌 속에 섞여 있다는 뜻으로, 자기의 뛰어난 지덕(智德)을 나타내지 않고 세속을 따름을 이르는 말.

노자(老子)의 《도덕경(道德經)》에 나오는 말이다.
노자는 출세와 권력, 성공과 명성 따위를 하찮게 여긴 것으로 유명한 중국 철학자다. 따라서 그의 책에 화광동진 같은 내용이 나오는 것은 당연할 것이다.
선비라면 이 외에 다음과 같은 마음을 품는 것도 중요하다.

참고표현

선우후락(先憂後樂) : 세상의 근심할 일은 남보다 먼저 근심하는 반면, 즐거워할 일은 남보다 나중에 즐거워한다는 뜻으로, 지사(志士)나 어진 사람의 마음씨를 이르는 말. 《범중엄(范仲淹)》 〈악양루기(岳陽樓記)〉에 나오는 말이다.

예문 난세일수록 화광동진이라는 말을 새겨야 한다. 모난 돌이 정 맞는다고 하지 않더냐.

빛 광

196

동가홍상 同價紅裳

같을 **동**, 값 **가**, 붉을 **홍**, 치마 **상**

> 같은 값이면 다홍치마라는 뜻으로, 같은 값이면 좋은 물건을 가짐을 이르는 말.

상(裳)은 '치마'를 뜻하는 한자로, 의상(衣裳-겉에 입는 옷)이라는 단어 외에는 거의 쓰지 않는다.

참고표현

녹의홍상(綠衣紅裳) : 연두저고리와 다홍치마. 곱게 차려입은 젊은 여자의 옷차림을 이르는 말.

예문 동가홍상이라고 하듯이, 그의 제안은 참으로 좋은 조건이다.

價

값 가

綠

초록빛 녹

197 상전벽해 桑田碧海

뽕나무 **상**, 밭 **전**, 푸를 **벽**, 바다 **해**

> 뽕나무밭이 변하여 푸른 바다가 된다는 뜻으로, 세상일의 변천이 심함을 비유적으로 이르는 말.

상전벽해, 즉 뽕나무밭이 푸른 바다로 변한 모습을 보면 많은 사람이 격세지감이나 금석지감을 느낄 것이다.

비슷한말

상해지변(桑海之變) : 뽕나무밭이 변하여 푸른 바다가 된다는 뜻으로, 세상일의 변천이 심함을 비유적으로 이르는 말.

상전창해(桑田滄海) : 뽕나무밭이 변하여 푸른 바다가 된다는 뜻으로, 세상일의 변천이 심함을 비유적으로 이르는 말.

예문 고향에 돌아와 보니 내가 살던 마을이 상전벽해가 되어, 어디가 어디인지 종잡을 수가 없었다.

碧

푸를 벽

海

바다 해

198

일패도지 一敗塗地

한 **일**, 질 **패**, 진흙 **도**, 땅 **지**

> 싸움에 한 번 패하여 간과 뇌가 땅바닥에 으깨어진다는 뜻으로, 여지없이 패하여 다시 일어날 수 없게 되는 지경에 이름을 이르는 말.

한고조 유방의 말로서《사기》〈고조본기(高祖本紀)〉에 나오는 말이다. 위 표현에는 간과 뇌가 땅바닥에 흩어져 있다는 말은 없다. 하지만, 이 말이 나오게 된 배경에는 유방에게 참혹하게 패한 항우의 군사에 대한 내용이 있다.

직접적으로 간과 뇌가 등장하는 표현도 있다.

참고표현

간뇌도지(肝腦塗地) : 참혹한 죽임을 당하여 간장과 뇌수가 땅에 널려 있다는 뜻으로, 나라를 위하여 목숨을 돌보지 않고 애를 씀을 이르는 말.

예문 제2차 세계대전 후반, 독일 군대는 일패도지의 신세가 되었고, 히틀러 또한 자살로 생을 마감하기에 이르렀다.

塗

진흙 도

地

땅 지

199 도원결의 桃園結義

복숭아 **도**, 동산 **원**, 맺을 **결**, 뜻 **의**

| 의형제를 맺음을 이르는 말.

《삼국지연의》에 나오는 말로, 집 뒤에 있는 복숭아밭에서 삼국지의 주인공인 유비, 관우, 장비가 맺은 맹세를 가리키는 표현이다.
처음에는 세 사람이 맺은 맹세를 가리켰는데, 시간이 흐르면서 누구든 그들처럼 굳은 약속을 하는 모습을 가리키는 표현이 되었다.
동양에서 복숭아는 신선이 즐기는 과일이었다. 그래서 다음과 같은 표현도 생겨났다.

참고표현

무릉도원(武陵桃源) : 도연명의 〈도화원기〉에 나오는 말로, '이상향', '별천지'를 비유적으로 이르는 말. 중국 진(晉)나라 때 호남(湖南) 무릉의 한 어부가 배를 저어 복숭아꽃이 아름답게 핀 수원지로 올라가 굴속에서 진(秦)나라의 난리를 피하여 온 사람들을 만났는데, 그들은 하도 살기 좋아 그동안 바깥세상의 변천과 많은 세월이 지난 줄도 몰랐다고 한다.

義

뜻 의

200

아전인수 我田引水

나 아, 밭 전, 끌 인, 물 수

> 자기 논에 물 대기라는 뜻으로, 자기에게만 이롭게 생각하거나 행동함을 이르는 말.

과거 농경사회에서는 농사가 거의 유일한 생산활동이었다. 따라서 농사의 성공 여부는 삶을 결정하는 중요한 일이었다.
당연히 물이 부족한 시기에 자기 논에만 물을 끌어들이는 행동은 이기적을 넘어 남을 해치는 행동일 수밖에 없다.
아전인수는 그런 행동을 가리키는 표현이다.

예문 아전인수도 유분수지, 그래 당신 이익만 생각해 행동한다면 우리 사회가 어떻게 유지될 수 있겠습니까?

我

나 아

引

끌 인

201

만장홍진 萬丈紅塵

일만 **만**, 길이 **장**, 붉을 **홍**, 티끌 **진**

> 하늘 높이 뻗쳐오른 먼지라는 뜻으로, 한없이 구차스럽고 속된 속세를 비유적으로 이르는 말.

한자 만(萬)은 단순히 10,000을 가리키는 것이 아니라 무수히 큰 숫자를 가리킨다. 따라서 만장(萬丈)은 끝도 없이 높고 긴 길이나 높이를 뜻한다.
홍진(紅塵)은 '붉은 티끌, 먼지'인데, 붉은 흙가루로 가득한 속세를 가리킨다.

비슷한말

풍진(風塵) : 바람에 날리는 티끌. 세상에서 일어나는 어지러운 일이나 시련을 가리킨다.
진토(塵土) : 티끌과 흙을 통틀어 이르는 말. 정몽주의 시조 단심가 가운데 '백골이 진토되어 넋이라도 있고 없고' 대목에 등장한다.

예문 우리가 살아가는 세상은 어차피 만장홍진이니, 큰 욕심 내지 말고 만족하며 살아가자꾸나.

丈

길이 **장**

202

점입가경 漸入佳境

점차 **점**, 들 **입**, 아름다울 **가**, 지경 **경**

> 들어갈수록 점점 재미가 있음. 또는 시간이 지날수록 하는 짓이나 몰골이 더욱 꼴불견임을 비유적으로 이르는 말.

점입가경은 글자만 보면, 뜻이 매우 좋다. 점점 들어갈수록 아름다운 곳이 나타난다는 뜻이니까.
하지만, 국어사전에 나오는 뜻을 보아도 알 수 있듯, 정반대되는 뜻도 포함하고 있다.
갈수록 하는 짓이 마음에 안 들 때도 이 표현을 반어적으로 쓰는 것이다.
실제로는 오히려 이 용법으로 더 많이 쓴다고 볼 수 있다.

우리 속담에 '갈수록 태산'이라는 것이 있는데, 그와 비슷한 표현이라고 하겠다.

예문 남들이 이해해줄 때 멈출 줄 알아야 하는데, 네 행동을 보니 갈수록 점입가경이로구나.

入 丿 入

들 입

佳 ノ 亻 亻 仁 仹 仹 佳 佳

아름다울 **가**

203 음풍농월 吟風弄月

노래할 **음**, 바람 **풍**, 희롱할 **농**, 달 **월**

> 바람을 노래하고 달을 가지고 논다는 뜻으로, 시를 짓고 흥취를 자아내어 즐겁게 놂.

맑은 바람과 밝은 달을 대상으로 시를 짓고 자연을 즐기는 멋진 삶을 가리킨다.
자연 속에서 글을 짓고 여유로운 삶을 사는 것은 동양 선비들의 꿈이었을 것이다.
그래서 이와 관련한 표현이 많다.

참고표현

유유자적(悠悠自適) : 속세를 떠나 아무 속박 없이 조용하고 편안하게 삶.
천석고황(泉石膏肓) : 자연의 아름다운 경치를 몹시 사랑하고 즐기는 성벽. 글자 뜻을 보면, 샘과 돌을 즐기는 병이 명치 끝까지 침투해 있음.
연하고질(煙霞痼疾) : 자연의 아름다운 경치를 몹시 사랑하고 즐기는 성벽. 글자 뜻을 보면, 노을을 즐기는 질병이 오래되어 고치기 어려움.

예문 요즘 그는 시골로 내려가 음풍농월로 시간을 보내고 있다고 하더군.

月

달 월

204 단사표음 簞食瓢飮

광주리 **단**, 먹일 **사**, 표주박 **표**, 마실 **음**

> 대나무로 만든 밥그릇에 담은 밥과 표주박에 든 물이라는 뜻으로, 청빈하고 소박한 생활을 이르는 말.

자연 속에서 유유자적하며 살기 위해서는 단사표음으로 만족해야 한다.

그 외에도 청빈하고 소박한 삶을 나타내는 표현은 또 있다.

참고표현

단표누항(簞瓢陋巷) : 누추한 거리에서 먹는 한 그릇의 밥과 한 바가지의 물이라는 뜻으로, 선비의 청빈한 생활을 이르는 말.

수간모옥(數間茅屋) : 몇 칸 안 되는 작은 초가.

죽장망혜(竹杖芒鞋) : 대지팡이와 짚신이란 뜻으로, 먼 길을 떠날 때의 아주 간편한 차림새를 이르는 말.

예문 나야 수간모옥에서 단사표음으로 만족하면서 편히 살고 있지.

飮

마실 음

205

안빈낙도 安貧樂道

편안할 **안**, 가난할 **빈**, 즐길 **락**, 길 **도**

가난한 생활을 하면서도 편안한 마음으로 도를 즐겨 지킴.

유유자적하고 단사표음으로 만족하기 위해서 필요한 마음가짐을 가리키는 표현이다.

비슷한말

안분지족(安分知足) : 편안한 마음으로 제 분수를 지키며 만족할 줄을 앎.

참고표현

무위자연(無爲自然) : 사람의 힘을 더하지 않은 그대로의 자연. 또는 그런 이상적인 경지.

무위(無爲)가 들어가는 표현이지만 뜻은 전혀 다른 것도 있다.

무위도식(無爲徒食) : 하는 일 없이 놀고먹음.

예문 안빈낙도를 실천하려고 노력하지만 쉽지 않더라고.

安

편안할 안

가난할 빈

206

진인사대천명 盡人事待天命

다할 **진**, 사람 **인**, 일 **사**, 기다릴 **대**, 하늘 **천**, 명령 **명**

| 사람이 할 수 있는 일을 다 한 후, 결과는 하늘의 명령에 따름.

'진인사대천명(盡人事待天命)'은 '가화만사성(家和萬事成)'만큼이나 흔한 액자 글귀다.

뜻이 워낙 좋기 때문일 것이다.

최선을 다한 후 하늘의 뜻을 기다리는 표현은 또 있다.

참고표현

모사재인 성사재천(謀事在人 成事在天) : 일을 꾸미는 것은 사람이나, 그것이 이루어지느냐는 하늘에 달려 있음.

지성감천(至誠感天) : 정성을 다하면 하늘이 감동함.

예문 진인사대천명이라는 말이 있듯이, 우리는 최선을 다했으니 마음 편히 결과를 기다리자꾸나.

盡

다할 진

天

하늘 천

207

관포지교 管鮑之交

피리 **관**, 전복 **포**, 조사 **지**, 사귈 **교**

> 관중과 포숙의 사귐이란 뜻으로, 우정이 아주 돈독한 친구 관계를 이르는 말.

벗 사이의 우정을 가리키는 표현 가운데 대표적인 것이다.
고대 중국 제나라에 살던 관중과 포숙은 나라의 혼란기를 맞아 각기 다른 지도자를 섬겼다. 그 후 포숙이 모시던 지도자가 왕위에 올랐고, 그 지도자를 살해하려던 관중은 사형을 언도받았다. 그러나 포숙이 "천하의 패자가 되기 위해서는 반드시 관중 같은 인물이 필요합니다." 하며 관중의 사면을 청원한 후 관중을 재상으로 천거하였다. 그 후 관중은 중국 역사상 가장 뛰어난 재상으로 이름을 날렸다.
후에 관중은 "나를 낳은 이는 부모님이지만, 나를 알아준 이는 포숙이다."라는 유명한 말을 남겼다.

비슷한말

간담상조(肝膽相照) : 서로 속마음을 털어놓고 친하게 사귐.
문경지교(刎頸之交) : 서로를 위해서라면 목이 잘린다 해도 후회하지 않을 정도의 사이라는 뜻으로, 생사를 함께할 수 있는 아주 가까운 친구를 이르는 말. 중국 전국 시대의 인상여(藺相如)와 염파(廉頗)의 고사에서 유래하였다.

交

사귈 교

208

지음 知音

알 **지**, 가락 **음**

마음이 서로 통하는 친한 벗을 비유적으로 이르는 말.

고대 중국 춘추 시대에 거문고의 명인 백아라는 인물이 있었다. 그의 연주는 무척 뛰어났으나, 알아주는 이가 없었다. 그러나 친구 종자기만은 그의 소리가 세상에서 가장 뛰어나다고 인정하였다. 그 후 종자기가 병으로 세상을 떠나자, 백아는 자신의 거문고 소리를 알아주는 이가 더 이상 없다고 하며 거문고 줄을 끊어버렸다. 이때부터 지음(知音), 즉 '음을 알아주는 이'라는 표현이 생겨났다. 백아와 종자기의 우정을 나타내는 표현은 또 있다.

비슷한말

백아절현(伯牙絶絃) : 자기를 알아주는 참다운 벗의 죽음을 슬퍼함. 글자 뜻은 '백아가 거문고 줄을 끊어 버림.'

예문 그야말로 나의 지음이라고 할 수 있지. 내 뜻을 알아주는 보기 드문 친구거든.

知

알 지

音

가락 음

209

지란지교 芝蘭之交

지초 **지**, 난초 **란**, 조사 **지**, 사귈 **교**

> 지초(芝草)와 난초(蘭草)의 교제라는 뜻으로, 벗 사이의 맑고도 고귀한 사귐을 이르는 말.

지초와 난초는 모두 식물인데, 두 식물의 교제를 가리킨다. 앞서 살펴본 고사성어 외에도 벗 사이의 사귐을 나타내는 표현은 무척 많다. 옛 선비들이 우정을 얼마나 소중히 여겼는지 알 수 있는 대목이다.

비슷한말

수어지교(水魚之交) : 물이 없으면 살 수 없는 물고기와 물의 관계라는 뜻으로, 아주 친밀하여 떨어질 수 없는 사이를 비유적으로 이르는 말.

단금지계(斷金之契) : 쇠라도 자를 만큼의 굳은 약속이라는 뜻으로, 매우 두터운 우정을 이르는 말.

죽마고우(竹馬故友) : 대말을 타고 놀던 벗이라는 뜻으로, 어릴 때부터 같이 놀며 자란 벗.

교칠지교(膠漆之交) : 아교와 옻칠처럼 아주 친밀하여 서로 떨어질 수 없는 교분을 이르는 말. 중국 당나라의 시인인 백거이가 친구 원미지에게 보낸 편지에서 유래한다.

文

글월 문

友

벗 우

210 백두여신 白頭如新

휠 백, 머리 두, 같을 여, 새로울 신

> 머리가 백발이 되도록 오래 사귀었어도 서로 마음을 깊이 알지 못하면 새로 사귄 사람과 다름이 없다는 뜻으로, 오랫동안 사귀어 온 사이지만 서로 간의 정이 두텁지 못함을 비유적으로 이르는 말.

이 표현은 앞서 살펴본 깊은 우정의 반대되는 상황을 나타낸다. 오래도록 알고 지냈으나 늘 새로운 사람을 만나는 듯하다는 뜻이니, 깊은 우정을 나누지 못하는 사이를 가리킨다.

반대말

송무백열(松茂栢悅) : 소나무가 무성하면 잣나무가 기뻐한다는 뜻으로, 벗이 잘되는 것을 기뻐함을 비유적으로 이르는 말.

예문 그와 나는 백두여신과 같은 사이야. 이해할 듯싶다가도 이해하기 어려운 면이 많더라고.

頭

머리 두

新

새로울 신

211

심모원려 深謀遠慮

깊을 **심**, 꾀할 **모**, 멀 **원**, 생각할 **려**

| 깊이 생각하여 낸 꾀와 먼 장래를 내다보는 생각.

멀리 보고, 깊이 생각하여 계책을 세우는 모습을 가리킨다.
심(深)은 '깊다'라는 뜻을 갖는 글자로, 다양한 표현에 쓴다.

참고표현

심사숙고(深思熟考) : 깊이 잘 생각함.

심심장지(深深藏之) : 물건을 깊숙이 감추어 둠.

심심산곡(深深山谷) : 아주 깊은 산골짜기. '심심산골'과 같은 뜻인데, '골'은 우리말이다.

의미심장(意味深長) : 뜻이 매우 깊음.

구중심처(九重深處)

「1」 밖으로 잘 드러나지 않는 깊숙한 곳.

「2」 겹겹이 문으로 막은 깊은 궁궐이라는 뜻으로, 임금이 있는 대궐 안을 이르는 말.

예문 지도자 자리에 오르면 심모원려하는 능력이 필수적이다. 깊이 생각하지 못했을 때 국가가 입을 피해가 너무 크기 때문이다.

深

깊을 **심**

212 격화소양 隔靴搔癢

사이 뜰 **격**, 신발 **화**, 긁을 **소**, 가려울 **양**

> 신을 신고 발바닥을 긁는다는 뜻으로, 성에 차지 않거나 철저하지 못한 안타까움을 이르는 말.

신을 신은 채 발바닥을 긁는 모습은 상상만 하여도 답답하고 애가 탄다.
우리 속담 가운데 '수박 겉핥기'가 있는데, 그와 비슷한 느낌이라고 하겠다.

참고표현

동족방뇨(凍足放尿) : 언 발에 오줌 누기.

예문 고작 그런 방법을 추진하다니, 그건 격화소양에 불과한데 말이야.

隔

사이 뜰 **격**

放

놓을 **방**

213 궁여지책 窮餘之策

궁할 **궁**, 남을 **여**, 조사 **지**, 대책 **책**

궁한 나머지 생각다 못하여 짜낸 계책.

효과적인 방법이 없어서 고민하다가 가까스로 짜낸 계책이라는 뜻이다. 따라서 큰 효과를 거두기 어려운 책략이라는 뜻을 품고 있다. 이처럼 별 효과가 없는 책략은 다양하다.

참고표현

계무소출(計無所出) : 어려운 일을 당하여 온갖 계교를 다 써도 해결할 방도를 찾지 못함.
백약무효(百藥無效) : 백 가지 약을 써도 아무런 효험을 얻을 수 없음.
백계무책(百計無策) : 백 가지 책략이 통하지 않음.
속수무책(束手無策) : 손을 묶은 것처럼 어찌할 도리가 없어 꼼짝 못 함.

예문 그 방법은 그야말로 궁여지책에 불과해. 다른 방법을 논의해 보자고.

餘

남을 여

出

날 출

214

호구지책 糊口之策

풀칠할 **호**, 입 **구**, 조사 **지**, 책략 **책**

가난한 살림에서 그저 겨우 먹고살아가는 방책.

입에 풀칠할 정도의 책략이라는 뜻으로, 가까스로 살아가는 데 필요한 방도를 가리킨다.
이처럼 먹고사는 길은 험하고 험하다.

비슷한말

구복지계(口腹之計) : 먹고살 계책이나 방법. 글자 뜻을 보면, 입과 배를 채울 계책이다.

참고표현

고육지책(苦肉之策) : 자기 몸을 상해 가면서까지 꾸며 내는 계책이라는 뜻으로, 어려운 상태를 벗어나기 위해 어쩔 수 없이 꾸며 내는 계책을 이르는 말.

예문 호구지책을 마련하는 게 이토록 힘들다니!

策

책략 책

215

남가일몽 南柯一夢

남녘 **남**, 가지 **가**, 한 **일**, 꿈 **몽**

| 꿈과 같이 헛된 한때의 부귀영화를 이르는 말.

중국 당나라의 순우분(淳于棼)이라는 인물이 술에 취하여 홰나무의 남쪽으로 뻗은 가지 밑에서 잠이 들었다. 그는 꿈에 괴안국(槐安國)이라는 나라의 사위가 되어 남가군(南柯郡)을 다스리며 20년 동안 영화를 누렸다. 그러다 깨 보니 꿈이었다는 이야기에서 유래하는 표현이다.
순우분처럼 헛된 꿈을 꾼 사람은 또 있다.

비슷한말

노생지몽(老生之夢) : 인생과 영화의 덧없음을 이르는 말. 731년에 노생(盧生)이 한단이란 곳에서 여옹(呂翁)의 베개를 빌려 잠을 잤는데, 꿈속에서 80년 동안 부귀영화를 다 누렸으나 깨어 보니 메조로 밥을 짓는 동안이었다는 데에서 유래한다. 심기제(沈旣濟)의 《침중기(枕中記)》에 나온 말이다.

예문 복권에 당첨되는 것은 남가일몽에 불과하니, 그런 헛된 꿈을 꿀 시간에 제 할 일에 최선을 다하는 게 낫다.

南

남녘 남

216 일장춘몽 一場春夢

한 **일**, 마당 **장**, 봄 **춘**, 꿈 **몽**

> 한바탕 봄꿈이라는 뜻으로, 헛된 영화나 덧없는 일을 비유적으로 이르는 말.

앞서 살펴본 남가지몽이나 노생지몽이 모두 일장춘몽에 불과한 것들인 셈이다.

참고표현

인생무상(人生無常) : 인생이 덧없음.

공수래공수거(空手來空手去) : 인생은 빈손으로 왔다가 빈손으로 간다는 뜻으로, 재물에 욕심을 부릴 필요가 없음을 이르는 말.

화서지몽(華胥之夢) : 낮잠 또는 좋은 꿈을 이르는 말.《열자》의 〈황제편(黃帝篇)〉에 나오는 말로, 고대 중국의 황제가 낮잠을 자다 꿈을 꾸었는데 화서라는 나라에 가서 그 나라의 어진 정치를 보고 깨어나 깊이 깨달았다는 데서 유래한다.

예문 사업에 실패하고 보니, 모든 게 일장춘몽이었다는 생각이 들더구나.

常

항상 **상**

217

백구과극 白駒過隙

힐 **백**, 망아지 **구**, 지날 **과**, 틈 **극**

> 흰 망아지가 빨리 달리는 것을 문틈으로 본다는 뜻으로, 인생이나 세월이 덧없이 짧음을 이르는 말.

빠르게 달리는 망아지를 문틈으로 바라보니, 그 순간이 얼마나 짧은지 알 수 있다. 인생이란 그처럼 순식간에 사라지는 덧없는 것이라는 표현이다.

비슷한말

인생여조로(人生如朝露) : 인생은 아침 이슬과 같이 덧없음.

위여조로(危如朝露) : 위태롭기가 마치 아침 이슬과 같다는 뜻으로, 운명의 위태로움 또는 인생의 무상함을 비유적으로 이르는 말.

예문 인생은 백구과극과 같은 존재다. 그러니 한 순간도 허투루 보내지 말아야 한다.

過

지날 과

危

위태할 위

218 좌불안석 坐不安席

앉을 **좌**, 아니 **불**, 편안할 **안**, 자리 **석**

> 앉아도 자리가 편안하지 않다는 뜻으로, 마음이 불안하거나 걱정스러워서 한군데에 가만히 앉아 있지 못하고 안절부절못하는 모양을 이르는 말.

불안하고 불편함을 느끼는 모습을 가리키는 표현은 여럿 있다. 그만큼 삶이라는 것은 위태로운 것이기 때문일 것이다.

비슷한말

노심초사(勞心焦思) : 몹시 마음을 쓰며 애를 태움.

여좌침석(如坐針席) : 바늘방석에 앉은 것 같다는 뜻으로, 몹시 거북하고 불안함을 이르는 말.

예문 나는 면접을 보는 내내 좌불안석이었다.

坐

앉을 좌

席

자리 석

219

득롱망촉 得隴望蜀

얻을 **득**, 땅이름 **롱**, 바랄 **망**, 땅이름 **촉**

> 농(隴) 땅을 얻고서 촉(蜀) 땅까지 얻기를 바란다는 뜻으로, 만족할 줄을 모르고 계속 욕심을 부리는 경우를 비유적으로 이르는 말.

후한(後漢)의 광무제가 농(隴) 지방을 평정한 후에 다시 촉(蜀) 지방까지 원하였다는 데에서 유래한다.
우리 속담에 '말 타면 경마 잡히고 싶다'라는 게 있는데, 그와 같은 인간 심리를 나타낸다. '경마 잡힌다'는 것은, 말고삐 잡는 일을 시종을 시키는 것이다.
이와 비슷한 속담이 또 있는데, '바다는 메워도 사람 욕심은 못 메운다'는 것이다.

예문 득롱망촉이라고 사람 욕심에는 끝이 없으니, 그 정도에서 만족하는 게 좋을 것이다.

得

얻을 **득**

望

바랄 **망**

220

곡학아세 曲學阿世

굽을 곡, 배울 학, 아첨할 아, 세상 세

| 바른길에서 벗어난 학문으로 세상 사람에게 아첨함.

중국 한나라 때 원고생이라는 선비는, 목에 칼이 들어와도 자신이 옳지 않다고 여기는 것에는 반대하였다. 그가 늙어 은퇴할 무렵, 공손홍이라는 젊은 선비가 등장했다.
그는 일찍이 벼슬길에 올라 실력과 권력을 믿고 오만하게 행동했다.
그러자 원고생이 그에게 이렇게 말했다.
"바른 학문에 힘쓰게. 학문을 이용해 세상에 아부하면 안 되네."
그의 말을 들은 공손홍은 그날부터 마음을 잡고 원고생을 스승으로 모셨다는 데서 유래한 표현이다.

예문 이 정부가 들어서면서 곡학아세를 일삼으며 작은 이익을 추구하는 학자가 늘어난다.

曲

굽을 곡

學

배울 학

221

혹세무민 惑世誣民

미혹할 **혹**, 세상 **세**, 무고할 **무**, 백성 **민**

세상을 어지럽히고 백성을 미혹하게 하여 속임.

곡학아세는 학문을 이용해 세상을 속이는 것이라면, 혹세무민은 다양한 방식으로 세상과 백성을 속여 자신의 이익을 챙기는 모습을 가리킨다.
일반적으로 사이비 종교 집단을 가리켜, 혹세무민하는 무리라고 칭한다.

참고표현

사이비(似而非) : 겉으로는 비슷하나 속은 완전히 다른 것.
아유구용(阿諛苟容) : 남에게 아첨하여 구차스럽게 구는 행동.

예문 세상이 혼탁해지자 여기저기서 혹세무민하는 무리가 들고 일어났다.

惑

미혹할 **혹**

世

세상 **세**

222 반포지효 反哺之孝

되돌릴 **반**, 먹을 **포**, 조사 **지**, 효도 **효**

> 까마귀 새끼가 자라서 늙은 어미에게 먹이를 물어다 주는 효(孝)라는 뜻으로, 자식이 자란 후에 어버이의 은혜를 갚는 효성을 이르는 말.

우리는 까마귀를 썩 좋아하지 않지만, 까마귀는 효도의 상징이다. 까치와 까마귀는 모두 까치과에 속하는 새로, 지능이 높은 것으로 유명하다.

참고표현

반의지희(斑衣之戲) : 늙어서 효도함을 이르는 말. 중국 초나라의 노래자라는 인물이 일흔 살에도, 자신보다 더 늙은 부모님을 위로하려고 색동저고리를 입고 어린이처럼 기어다녔다는 데서 유래한다.

혼정신성(昏定晨省) : 밤에는 부모의 잠자리를 보아 드리고 이른 아침에는 부모의 밤새 안부를 묻는다는 뜻으로, 부모를 잘 섬기고 효성을 다함을 이르는 말.

예문 아무리 살기 어렵다고 반포지효를 잊어서는 인간이라고 할 수 있겠느냐?

孝

효도 효

223 풍수지탄 風樹之嘆

바람 **풍**, 나무 **수**, 조사 **지**, 탄식할 **탄**

효도를 다하지 못한 채 어버이를 여읜 자식의 슬픔을 이르는 말.

글자에 효도라는 의미가 포함되어 있지는 않지만, 효도를 다하지 못한 후 어버이가 떠나신 것을 슬퍼하는 표현이다.
중국의 시에 등장하는 대목에서 비롯한 것으로 내용은 다음과 같다.

나무는 고요히 머물고자 하나 바람이 그치지 않고
자식은 봉양하고자 하나 부모님은 기다려 주시지 않네.
한번 흘러가면 쫓아갈 수 없는 것이 세월이요
가시면 다시 볼 수 없는 것은 부모님이시네.

위 시 첫 번째 연에 '나무[樹]'와 '바람[風]'이 등장하는 데서 '풍수지탄'이라는 표현이 유래하였다.

참고표현

불초(不肖) : 한자 뜻은, 아버지를 닮지 않았다는 뜻으로, 아들이 부모를 상대하여 자기를 낮추어 이르는 일인칭 대명사.

樹

나무 수

224 상탁하부정 上濁下不淨

위 **상**, 흐릴 **탁**, 아래 **하**, 아니 **불**, 깨끗할 **정**

> 윗물이 흐리면 아랫물도 깨끗하지 못하다는 뜻으로, 윗사람이 부패하면 아랫사람도 부패하게 됨을 이르는 말.

우리 속담 '윗물이 맑아야 아랫물이 맑다'와 같은 뜻이다.
탁(濁)은 '흐리다, 더럽다' 같은 뜻을 갖는 글자로,
반대말은 청(淸-맑을 청).

참고표현

일어탁수(一魚濁水) : 한 마리의 물고기가 물을 흐린다는 뜻으로, 한 사람의 잘못으로 여러 사람이 피해를 입게 됨을 이르는 말.

예문 상탁하부정이라고 했으니, 우선 나부터 깨끗하고 정의롭게 행동해야겠다.

濁

흐릴 탁

淨

깨끗할 정

225 적토성산 積土成山

쌓을 **적**, 흙 **토**, 이룰 **성**, 산 **산**

| 작거나 적은 것도 쌓이면 크게 되거나 큰 걸 이루게 됨.

우리 속담 '티끌 모아 태산'과 같은 의미를 갖는다.

적(積)은 '쌓다, 모으다, 저축하다' 같은 뜻을 갖는 글자로, 적금(積金-일정한 기간에 일정한 금액을 쌓는 저금), 적재(積載-차나 트럭에 짐을 쌓아 실음) 등에 사용한다.

비슷한말

적소성대(積小成大) : 작은 것을 쌓아 큰 것을 이룸.

참고표현

적선지가 필유여경(積善之家 必有餘慶) : 덕을 쌓은 집안은 반드시 좋은 일이 있음.

예문 작은 돈이라고 함부로 쓰다니! 적토성산을 잊지 말거라.

積

쌓을 적

土

흙 토

226

감정지와 坎井之蛙

구덩이 **감**, 우물 **정**, 조사 **지**, 개구리 **와**

> 우물 안 개구리라는 뜻으로, 견문이 좁고 세상 형편에 어두운 사람을 비유적으로 이르는 말.

우리 속담 '우물 안 개구리'라는 표현을 자주 쓰는데, 이를 나타내는 한자 표현은 다양하다.

비슷한말

정저와(井底蛙) : 우물 안 개구리.

좌정관천(坐井觀天) : 우물 속에 앉아서 하늘을 본다는 뜻으로, 사람의 견문이 매우 좁음을 이르는 말.

예문 칫! 감정지와라더니, 네가 바로 그짝이다. 그렇게 견문이 좁아서야 무슨 일을 제대로 하겠느냐.

井

우물 **정**

觀

볼 **관**

227 경전하사 鯨戰蝦死

고래 **경**, 싸울 **전**, 새우 **하**, 죽을 **사**

> 고래 싸움에 새우 등 터진다는 뜻으로, 강한 자끼리 서로 싸우는 통에 아무 상관도 없는 약한 자가 해를 입음을 비유적으로 이르는 말.

우리 속담 '고래 싸움에 새우 등 터진다'와 같은 뜻의 표현이다. 이와 같은 뜻을 갖는 중국의 고사성어도 있다.

비슷한말

간어제초(間於齊楚) : 약자가 강자들 틈에 끼어서 괴로움을 겪음을 이르는 말. 고대 중국 전국시대, 등(藤)나라가 제(齊)나라와 초(楚)나라 사이에 끼어서 괴로움을 겪었다는 데서 유래한다.

예문 지금 그 나라는 경전하사의 위기에 처해 있어. 아무런 상관도 없는 전쟁에 휘말려 고통을 겪고 있다니까.

戰

싸울 **전**

於

조사 **어**

228

이이제이 以夷制夷

써 **이**, 오랑캐 **이**, 제압할 **제**, 오랑캐 **이**

> 오랑캐로 오랑캐를 무찌른다는 뜻으로, 한 세력을 이용하여 다른 세력을 제어함을 이르는 말.

고대 중국에서는 주변 이민족을 모두 오랑캐라고 불렀다. 동쪽 오랑캐는 이(夷), 서쪽 오랑캐는 융(戎), 남쪽 오랑캐는 만(蠻), 북쪽 오랑캐는 적(狄)이라고 하였는데, 중국 동쪽에 자리한 우리 민족이 바로 동이(東夷)족이다.
전통적으로 중국은 자신들을 위협하는 오랑캐를 물리치는 계책 가운데 하나로 이이제이 전법을 사용하곤 했다.

참고표현

이열치열(以熱治熱) : 열은 열로써 다스림. 곧 열이 날 때에 땀을 낸다든지, 더위를 뜨거운 차를 마셔서 이긴다든지, 힘은 힘으로 물리친다는 따위를 이를 때에 흔히 쓰는 말이다.

예문 지금 시장 상황은 우리 회사만의 힘으로는 이겨나갈 수 없습니다. 이이제이 전법이 필요할 때입니다.

以

써 **이**

夷

오랑캐 **이**

229

간악무도 奸惡無道

범할 **간**, 악할 **악**, 없을 **무**, 도리 **도**

간사하고 악독하며 도리에 어긋나는 데가 있음.

악을 범하고, 도리는 없는 모습을 가리킨다.
무도(無道)는 '도리가 없다, 도가 없다'는 뜻인데, 도(道)를 중시하는 동양에서는 가장 나쁜 행동이라고 할 수 있다.

비슷한말

잔학무도(殘虐無道) : 더할 수 없이 잔인하고 포학함.
극악무도(極惡無道) : 더할 나위 없이 악하고 도리에 완전히 어긋나 있음.

예문 오늘날 세상을 지배하는 무리는 간악무도한 자들이다. 하루빨리 세상이 이성을 되찾아야 할 텐데, 큰일이다.

奸

범할 간

道

도리 도

230

역지사지 易地思之

바꿀 **역**, 처지 **지**, 생각할 **사**, 이 **지**

| 처지를 바꾸어서 생각하여 봄.

역지사지는 생활에서 사용하는 대표적인 표현 가운데 하나다. 상대방과 갈등이 일어날 때, 상대방의 처지에서 생각해 보면 의외로 쉽게 해결책을 찾을 수 있다는 뜻이기도 하다. 그러나 역지사지라는 표현을 아는 사람도 실천에 옮기기는 어려운 듯하다. 사람들 사이에 갈등이 그치지 않는 것을 보면.

역(易)은 '쉽다'는 뜻으로 쓸 때는 '이'로 읽는다. 난이도(難易度-어려움과 쉬움의 정도), 용이(容易-어렵지 않고 매우 쉬움) 등에 사용한다. 한편 역(易)자가 들어가는 고전 가운데 대표적인 것이 《주역(周易)》이다. 사서삼경 가운데 한 권으로, 세상이 움직이는 이치를 품은 책이다. 그런데 우리나라에서는 사주팔자를 푸는 책으로 알려져 있기도 하다.

예문 이렇게 어려울 때는 역지사지해 보거라. 그럼 쉽게 해결책이 나올 수도 있다.

思 丨 冂 冃 冊 田 田 思 思

생각할 사

思

231

불혹 不惑

아니 **불**, 미혹할 **혹**

| 미혹되지 않는다는 뜻으로, 마흔 살을 달리 이르는 말.

《논어》에서, 공자가 마흔 살부터 세상일에 미혹되지 않았다고 한 데서 나온 말이다. 나이 가운데는 공자가 자신의 삶과 행동을 빗대어 표현한 것이 많다.

참고표현

지천명(知天命) : 쉰 살을 달리 이르는 말. 공자가, 쉰 살에 하늘의 뜻을 알았다고 한 데서 나온 말이다.

이순(耳順) : 예순 살을 달리 이르는 말. 공자가, 예순 살부터 생각하는 것이 원만하여 무엇이든 곧 이해가 된다고 한 데서 나온 말이다.

종심(從心) : 일흔 살을 달리 이르는 말. 공자가, 일흔 살에는 마음이 하고자 하는 바를 좇아도 법도에 어긋남이 없다고 한 데서 나온 말이다.

고희(古稀) : 고래(古來)로 드문 나이란 뜻으로, 일흔 살을 이르는 말. 이는 공자와는 상관없는 표현으로, 당나라 시인 두보의 〈곡강시(曲江詩)〉에 나오는 표현이다.

약관(弱冠) : 남자 나이 스무 살을 가리키는데, 이 역시 공자와는 관계가 없다.

미혹할 혹

232

시기상조 時機尙早

때 **시**, 기회 **기**, 오히려 **상**, 이를 **조**

| 어떤 일을 하기에 아직 때가 이름.

어떤 일을 하기에 모든 여건이 미처 무르익지 않았음을 나타내는 표현이다.
시기상조와 대비되는 표현도 있다.

참고표현

시의적절(時宜適切) : 그 당시의 사정이나 요구에 아주 알맞음.
만시지탄(晩時之歎) : 시기에 늦어 기회를 놓쳤음을 안타까워하는 탄식.

예문 지금 혁명을 일으키기에는 시기상조다. 조금 더 상황이 무르익기를 기다리자.

時

때 시

早

이를 조

233 미관말직 微官末職

작을 **미**, 벼슬 **관**, 끝 **말**, 벼슬 **직**

> 지위가 아주 낮은 벼슬 또는 그런 위치에 있는 사람.

가장 작고 낮은 벼슬을 가리키는 표현이다.
이와 반대되는 표현도 있다.

반대말

고관대작(高官大爵) : 지위가 높고 훌륭한 벼슬이나 그런 위치에 있는 사람.

미관말직부터 고관대작까지 모든 벼슬아치가 모인 모습을 가리키는 표현도 있다.

참고표현

만조백관(滿朝百官) : 조정의 모든 벼슬아치.

예문 아무리 미관말직이라고 하더라도 나라가 풍전등화의 위기에 처하면 앞장서야 할 것은 당연하다.

微

작을 **미**

末

끝 **말**

234

입도선매 立稻先賣

설 **입**, 벼 **도**, 먼저 **선**, 팔 **매**

| 아직 논에서 자라고 있는 벼를 미리 돈을 받고 팖.

미처 수확도 하지 않은 벼를 파는 것은 일반적으로 상상하기 힘든 일이다.
그러나 실제로는 그런 일이 자주 일어난다.
뛰어난 학생이 졸업하기 전에 고용하는 일도 입도선매라고 한다.
또 농사짓는 경우에도, 봄에 씨를 뿌린 후 먼저 판매하고, 수확하면 납품하는 경우가 흔하다.
공장에서 신제품을 개발한 경우에도 마찬가지로, 시제품만 보고 나서 구매하는 경우는 흔하다.
그런 상황에 사용하는 재미있으면서도 독특한 표현이다.

예문 올해 농사는 풍년이 들 것이 분명하니, 입도선매할 필요는 없을 듯해.

立

설 립

先

먼저 선

235

근묵자흑 近墨者黑

가까울 **근**, 먹 **묵**, 사람 **자**, 검을 **흑**

> 먹을 가까이하는 사람은 검어진다는 뜻으로, 나쁜 사람과 가까이 지내면 나쁜 버릇에 물들기 쉬움을 비유적으로 이르는 말.

까마귀 싸우는 곳에 백로야 가지 마라
성낸 까마귀 흰빛을 시기할세라
청강에 씻은 몸을 더럽힐까 하노라

정몽주의 어머니께서 가르침으로 주신 시조라고 한다.
까만 까마귀 곁에 가면 흰 백로도 검어질까 걱정하는 표현인데,
근묵자흑과 통한다고 하겠다.

비슷한말

근주근묵(近朱近墨) : 붉은 것을 가까이하면 붉어지고 검은 것을 가까이하면 검어진다는 뜻으로, 사람이 환경에 따라 변해감을 비유적으로 이르는 말.

黑

검을 **흑**

朱

붉을 **주**

236

남귤북지 南橘北枳

남녘 **남**, 귤나무 **귤**, 북녘 **북**, 탱자나무 **지**

> 강남의 귤을 강북에 심으면 탱자가 된다는 뜻으로, 사람은 사는 곳의 환경에 따라 착하게도 되고 악하게도 됨을 비유적으로 이르는 말.

중국 전국 시대에 활약한 제나라 재상 안영이 초나라에 초대를 받아 갔을 때의 일이다.

초나라 왕은, 안영 앞에서 초나라의 위엄을 보이고자 했다. 그때 마침 조정으로 죄인 한 명이 잡혀 왔다. 이에 초나라 왕이 물었다.

"그는 어느 나라 출신인가?"

"제나라 출신으로, 도둑질을 해서 잡혀 왔습니다."

그 말을 들은 초나라 왕이 안영에게 물었다.

"제나라 사람들은 원래 도둑질을 잘하는가?"

그러자 안영이 대답했다.

"강남에서 자라는 귤나무를 강북에 심으면 탱자가 열린다고 합니다. 저 사람도 제나라에 있을 때는 저러지 않았을 것입니다."

그로부터 유래한 표현이다.

예문 남귤북지라는 말처럼, 사람을 키울 때는 무엇보다 자라는 환경을 바르게 조성해야 한다.

北 丨 ⺊ ⺊ 北 北

북녘 북

237 위편삼절 韋編三絶

가죽 **위**, 엮을 **편**, 석 **삼**, 끊을 **절**

> 책의 가죽끈이 세 번이나 끊어졌다는 뜻으로, 책을 열심히 읽음을 이르는 말.

《사기》에 나오는 표현으로, 공자가 《주역》을 즐겨 읽어 책의 가죽끈이 세 번이나 끊어졌다는 데서 유래한다. 당시에는 오늘날과 같은 책 대신, 대나무에 글자를 새긴 후 여러 개의 대나무 조각을 가죽끈으로 묶어 읽었다. 따라서 같은 책을 오래도록 읽다 보면 대나무를 엮은 가죽끈이 헐어 끊어질 수밖에 없었을 것이다.

비슷한말

수불석권(手不釋卷) : 손에서 책을 놓지 아니하고 늘 글을 읽음.

한우충동(汗牛充棟) : 짐으로 실으면 소가 땀을 흘리고, 쌓으면 들보에까지 찬다는 뜻으로, 가지고 있는 책이 매우 많음을 이르는 말.

예문 위편삼절은 아니더라도 하루에 책 한 페이지라도 읽는 사람이 되어야 한다.

絶

끊을 **절**

充

찰 **충**

238

형설지공 螢雪之功

반딧불 **형**, 눈 **설**, 조사 **지**, 공적 **공**

> 반딧불이나 눈과 함께하는 노력이라는 뜻으로, 고생을 하면서 부지런하고 꾸준하게 공부하는 자세를 이르는 말.

중국《진서(晉書)》의 〈차윤전(車胤傳)〉·〈손강전(孫康傳)〉에 나오는 말로, 진나라 차윤(車胤)이 반딧불을 모아 그 불빛으로 글을 읽고, 손강(孫康)이 가난하여 겨울밤에는 눈빛에 비추어 글을 읽었다는 고사에서 유래한다.

오늘날과 같은 전기가 없던 시절에는 해가 지고 나면 공부를 하기 어려웠다. 그 무렵, 반딧불과 밤을 밝혀 줄 눈에 의지해 공부한 인물의 이야기에서 유래한 표현이다.

참고표현

등화가친(燈火可親) : 등불을 가까이할 만하다는 뜻으로, 서늘한 가을밤은 등불을 가까이하여 글 읽기에 좋음을 이르는 말.

예문 마침내 그의 형설지공이 빛을 발하였구나. 그 어려운 시험에 통과를 하다니!

雪

눈 설

239

낙양지귀 洛陽紙貴

강이름 **낙**, 볕 **양**, 종이 **지**, 귀할 **귀**

> 낙양의 종이 가격이 오른다는 뜻으로, 많은 사람들이 좋아하는 저작물이나 책을 가리키는 말.

오늘날이야 종이값이 그리 비싸지 않아서 종이를 아끼는 사람 찾기가 어렵다. 그러나 수백 년 전만 해도 서양에서는 종이를 찾기 힘들었고, 세계에서 최초로 종이를 발명한 중국에서도 종이는 귀한 물건이었다. 따라서 특정 저작물이 인기를 끄는 경우, 나라의 종이가 품귀 현상을 빚을 수 있었다.

이 표현은 그런 상황을 나타내는 것으로, 인기 있는 책이나 저작물을 가리켜 '낙양의 지가를 올린다'고 한다.

처음으로 낙양의 지가를 올린 인물은 진(晉, 265-316)나라의 시인 좌사(左思)였다.

예문 지금 그의 책이 불티나게 팔려 낙양의 지가를 올리고 있다네.

紙

종이 **지**

貴

귀할 **귀**

240 평사낙안 平沙落雁

평평할 **평**, 모래 **사**, 떨어질 **낙**, 기러기 **안**

> 모래펄에 날아와 앉은 기러기라는 뜻으로, 글씨나 문장이 매끈하고 유려하게 잘된 것을 비유적으로 이르는 말.

모래사장에 기러기가 사뿐히 앉았다가 일어나면 자국이 나게 된다. 그 자국이 잘 쓴 서예같다고 해서 생겨난 표현이다.

오늘날에는 한글이나 다른 나라 문자도 예술적으로 쓰고 있지만, 처음 예술로 승화시킨 문자는 한자였다. 그래서 이런 표현이 등장한 것이다.

참고표현

일필휘지(一筆揮之) : 붓을 한번 휘둘러 단숨에 내리 써내려감.

예문 그의 서예 작품을 보고 있노라면 평사낙안이 떠오른다니까.

平

평평할 **평**

沙

모래 **사**

241 천의무봉 天衣無縫

하늘 **천**, 옷 **의**, 없을 **무**, 꿰맬 **봉**

> 천사의 옷은 꿰맨 흔적이 없다는 뜻으로, 일부러 꾸민 데 없이 자연스럽고 아름다우면서 완전한 글이나 문장을 이르는 말.

《태평광기》의 곽한(郭翰)의 이야기에 나오는 말로, 주로 시가(詩歌)나 문장에 대하여 이르는 말이다.
천의무봉과 같은 문장을 쓰기 위해서는 반드시 거쳐야 할 작업이 있다.

참고표현

퇴고(推敲) : 글을 지을 때 여러 번 생각하여 고치고 다듬는 일.
당나라의 시인 가도(賈島)가 '승퇴월하문(僧推月下門-스님이 달빛 아래 문을 민다)'이란 시구를 지을 때 '퇴(推-밀 퇴)'를 '고(敲-두드릴 고)'로 바꿀까 말까 망설이다가, 유명한 시인 한유(韓愈)를 만나 그의 조언으로 '고(敲)'로 결정하였다는 데에서 유래한다.

예문 그의 글은 천의무봉하여 읽는 즐거움을 줄 뿐 아니라 이해하는 데도 쉽디니까.

天

하늘 천

衣

옷 의

242 영고성쇠 榮枯盛衰

꽃필 **영**, 마를 **고**, 성할 **성**, 쇠퇴할 **쇠**

| 인생이나 사물의 번성함과 쇠락함이 서로 바뀌어가며 이어짐.

인생이나 사물이 영원히 번성하는 것이 아니라 번성과 쇠퇴를 거듭한다는 뜻으로, 세상의 이치를 나타내는 표현이다.

비슷한말

흥망성쇠(興亡盛衰) : 흥하고 망함과 성하고 쇠함.

예문 인생은 어차피 영고성쇠를 거듭하는 것이니, 작은 성과에 일희일비하지 말거라.

盛

성할 **성**

興

흥할 **흥**

243

세한삼우 歲寒三友

세월 **세**, 찰 **한**, 석 **삼**, 벗 **우**

> 추운 겨울철의 세 벗이라는 뜻으로, 추위에 잘 견디는 소나무·대나무·매화나무를 통틀어 이르는 말.

이 표현은 추위를 삶의 고난에 빗대고, 이를 이겨내는 소나무, 대나무, 매화나무를 선비의 절개에 빗대어 만든 것이다. 흔히 한 폭의 그림에 그려서 '송죽매'라고 한다.

비슷한말

세한송백(歲寒松柏) : 추운 겨울의 소나무와 잣나무라는 뜻으로, 어떤 역경 속에서도 지조를 굽히지 않는 사람 또는 그 지조를 비유적으로 이르는 말.

참고표현

문방사우(文房四友) : 종이, 붓, 먹, 벼루의 네 가지 문방구를 학문하는 선비들의 벗에 빗댄 표현.

예문 우리 친구들은 세한삼우와 같은 관계를 오래도록 유지해 오고 있으니, 더 이상 바랄 나위가 없구나.

友

벗 우

文

글월 문

244 초미지급 焦眉之急

그을릴 **초**, 눈썹 **미**, 조사 **지**, 급할 **급**

눈썹에 불이 붙었다는 뜻으로, 매우 급함을 이르는 말.

매우 급한 상황을 가리키는 표현은 이 외에 또 있다.

비슷한말

철부지급(轍鮒之急) : 수레바퀴 자국 안에 놓인 붕어. 수레바퀴가 가면서 만들어 놓은 자국 안에 고인 물에 든 붕어는 뒤에 수레가 오는 순간 목숨을 잃는다. 그런 급한 상황을 그린 표현이다.

일촉즉발(一觸卽發) : 한 번 건드리기만 해도 폭발할 것같이 몹시 위급한 상태.

위기일발(危機一髮) : 여유가 조금도 없이 몹시 절박한 순간.

예문 지금 그 나라는 초미지급에 처해 있다. 유엔이 당장 나서지 않으면 멸망하고 말지도 모른다.

急

급할 급

發

쏠 발

245

누란지위 累卵之危

포갤 **누**, 알 **란**, 조사 **지**, 위태할 **위**

> 층층이 쌓아 놓은 알의 위태로움이라는 뜻으로, 몹시 아슬아슬한 위기를 비유적으로 이르는 말.

달걀을 두 개만 쌓아 놓아도 위험한데, 여러 개의 달걀을 쌓아 놓은 모습을 가리킨다. 그만큼 위험한 상황을 묘사하는 표현이다. 《사기》에 나오는 말이다.

비슷한말

여리박빙(如履薄氷) : 살얼음을 밟는 것과 같다는 뜻으로, 아슬아슬하고 위험한 일을 비유적으로 이르는 말.

풍전등화(風前燈火) : 바람 앞의 등불이라는 뜻으로, 사물이 매우 위태로운 처지에 놓여 있음을 비유적으로 이르는 말.

예문 그 회사는 누란지위의 위기에 처해 있다니까. 안으로는 자금이 바닥나고 밖으로는 소비자들의 외면을 받고 있다고.

累

포갤 누

火

불 화

246 부중지어 釜中之魚

가마솥 **부**, 가운데 **중**, 조사 **지**, 물고기 **어**

> 가마솥 안의 물고기라는 뜻으로, 대단히 위험한 상태에 놓여 있음을 비유적으로 이르는 말.

가마솥 안에 놓인 물고기의 운명은 이미 정해진 것인 만큼, 매우 위험한 상태를 가리키는 표현이다.
가마솥 안의 물고기가 등장하는 표현은 또 있다.

비슷한말

어유부중(魚遊釜中) : 물고기가 솥 안에서 논다는 뜻으로, 지금은 살아 있기는 하여도 생명이 얼마 남지 아니하였음을 이르는 말.
명재경각(命在頃刻) : 거의 죽게 되어 곧 숨이 끊어질 지경에 이름.

참고표현

부중생어(釜中生魚) : 솥 안에 물고기가 생긴다는 뜻으로, 매우 가난하여 오랫동안 밥을 짓지 못함을 이르는 말.《후한서》〈범염전(范冉傳)〉에 나오는 말이다.

釜

가마솥 부

在

있을 재

247 경세제민 經世濟民

다스릴 **경**, 세상 **세**, 구할 **제**, 백성 **민**

| 세상을 다스리고 백성을 구제함.

경제(經濟)라는 단어의 본래말이다. 따라서 경제는, 세상을 다스리고 백성을 구제하는 활동이라고 하겠다. 그만큼 경제가 중요한 요인임은 두말할 나위가 없다.
경(經)은 '다스리다, 법, 도리' 등 중요한 뜻을 두루 포함하고 있다. 그래서 세상에서 가장 중요한 책을 경전(經典-성인이 지은, 또는 성현의 말이나 행실을 적은 책)이라고 한다. 성경(聖經), 불경(佛經), 사서삼경(四書三經) 등이 모두 그러하다.

참고표현

경국제세(經國濟世) : 나라를 잘 다스려 세상을 구제함.

예문 경세제민의 계책도 공부하지 않은 자가 한 나라의 대통령이 되겠다고 나서다니!

經

다스릴 **경**

世

세상 **세**

2
4
8

아연실색 啞然失色

벙어리 **아**, 그러할 **연**, 잃을 **실**, 낯빛 **색**

| 뜻밖의 일에 얼굴빛이 변할 정도로 놀람.

뜻밖의 일이 벌어져 입을 다물지 못하고 얼굴빛이 변해 버리는 모습을 가리킨다. 그만큼 놀랄 상황임은 두말할 나위가 없다.

비슷한말

망연자실(茫然自失) : 멍하니 정신을 잃음. 이 표현 역시 너무 놀라 정신을 잃고, 자신이 어디 있는지, 누구인지조차 모르는 상태를 가리킨다.

혼비백산(魂飛魄散) : 혼백이 어지러이 흩어진다는 뜻으로, 몹시 놀라 넋을 잃음을 이르는 말.

예문 우리 모두는 그의 말에 아연실색하여 아무 대꾸도 하지 못했다.

然

그러할 연

色

낯빛 색

249

조강지처 糟糠之妻

술지게미 **조**, 쌀겨 **강**, 조사 **지**, 아내 **처**

> 지게미와 쌀겨로 끼니를 이을 때의 아내라는 뜻으로, 몹시 가난하고 천할 때에 고생을 함께 겪어 온 아내를 이르는 말.

《후한서》〈송홍전(宋弘傳)〉에 나오는 말이다.
지게미는 술을 만들고 남은 찌꺼기를 가리킨다. 또 쌀겨는 쌀을 찧을 때 나오는 속껍질을 가리킨다. 두 가지 모두 먹을 수 없는 것들인데, 이것으로 끼니를 이을 정도면 더 이상 가난할 수 없는 상태일 것이다.

중국 후한 시대에 송홍이라는 뛰어난 인물이 있었다. 그를 눈여겨본 황제는 그 무렵 남편을 잃은 자신의 누이와 송홍을 맺어 주고자 하였다. 그러자 송홍은 "'빈한할 때의 친구는 잊지 말아야 하며, 조강지처는 버려서는 안 된다'고 들었습니다." 하며 거절하였다. 그로부터 유래한 표현이다.

예문 우리 아내야말로 내게 조강지처야, 그 어려운 시절을 함께하며 이겨냈거든.

妻

아내 처

250 해로동혈 偕老同穴

함께 **해**, 늙을 **로**, 같을 **동**, 구멍 **혈**

살아서는 같이 늙고 죽어서는 한 무덤에 묻힌다는 뜻으로, 생사를 같이하자는 부부의 굳은 맹세를 이르는 말.

《시경》에 나오는 말이다.
해로(偕老)는 '부부가 한평생 같이 살며 함께 늙음'을 가리키는 단어다.

비슷한말

백년해로(百年偕老) : 부부가 되어 한평생을 사이좋게 지내고 즐겁게 함께 늙음.

참고표현

천정배필(天定配匹) : 하늘에서 미리 정하여 준 배필이라는 뜻으로, 나무랄 데 없이 신통히 꼭 알맞은 한 쌍의 부부를 이르는 말.
천생연분(天生緣分) : 하늘이 정해준 연분.

예문 우리 부부는 해로동혈하기로 굳게 맹세했어. 살아 보니 그처럼 뜻이 맞는 사람이 없었거든.

老

늙을 로

定

정할 정

251 금슬상화 琴瑟相和

거문고 **금**, 비파 **슬**, 서로 **상**, 화합할 **화**

> 거문고와 비파가 합주하여 조화롭게 소리를 내는 것같이, 부부 사이가 다정하고 화목함을 비유적으로 이르는 말.

금슬(琴瑟)은 '거문고와 비파'를 가리키는데, 부부간의 사랑을 뜻하기도 한다. 즉, 부부를 거문고와 비파라는 두 악기에 비유한 셈이다.

금슬이라는 단어가 우리말에서는 '금실'로 변해서 사용하고 있다. '금실이 좋다'라고 하면, 부부간의 사랑이 깊은 모습을 가리킨다.

비슷한말

부창부수(夫唱婦隨) : 남편이 앞장서면 아내가 이에 잘 따름.

참고표현

사가망처(徙家忘妻) : 이사를 갈 때 아내를 잊고 두고 간다는 뜻으로, 무엇을 잘 잊음을 비유적으로 이르는 말.

이 표현은 일부러 아내를 잊고 가는 것이 아님을 기억할 일이다.

예문 두 사람은 평생 금슬상화의 마음으로 살아가도록 노력하기 바랍니다.

지아비 부

252

금성탕지 金城湯池

쇠 **금**, 성 **성**, 끓을 **탕**, 연못 **지**

> 쇠로 만든 성과, 그 둘레에 파 놓은 뜨거운 물로 가득 찬 못이라는 뜻으로, 방어 시설이 잘되어 있는 성을 이르는 말.

《한서》〈괴통전(蒯通傳)〉에 나오는 말이다.
옛날에 성을 쌓으면, 그 주변에 해자(垓字)를 설치한다. 해자는 성 밖으로 둘러 파 놓은 연못을 가리키는데, 성 주변으로 적이 건너오지 못하도록 하는 역할을 한다.
위 표현을 보면, 해자에 끓는 물을 흐르도록 한다는 말이니, 적이 결코 넘보지 못하는 성인 셈이다.

비슷한말

철옹성(鐵甕城) : 쇠로 만든 독처럼 튼튼하게 둘러쌓은 산성이라는 뜻으로, 방비나 단결 따위가 견고한 사물이나 상태를 이르는 말.

예문 그곳은 금성탕지의 명당이라고 할 수 있지. 그 어떤 적도 넘보기 힘들다니까.

金

쇠 금

城

성 성

253 청천벽력 靑天霹靂

푸를 **청**, 하늘 **천**, 벼락 **벽**, 벼락 **력**

> 맑게 갠 하늘에서 치는 날벼락이라는 뜻으로, 뜻밖에 일어난 큰 변고나 사건을 비유적으로 이르는 말.

벽력(霹靂)은 '벼락'을 가리키는데, 번개가 지상의 물체에 맞는 현상이다. 따라서 번개나 천둥이 그냥 무서운 느낌을 주는 반면, 벼락은 실제로 지상에 큰 피해를 준다.
우리 속담에 '마른 하늘에 날벼락'이라는 게 있는데, 그와 같은 표현인 셈이다.

참고표현

청천백일(靑天白日) : 하늘이 맑게 갠 대낮.

예문 이 무슨 청천벽력 같은 소식이란 말이냐. 그 훌륭한 분이 막 뜻을 펼 시기에 세상을 떠나다니!

靑

푸를 청

日

날 일

254 **천정부지** 天井不知

하늘 **천**, 우물 **정**, 아니 **불**, 알 **지**

> 천장을 알지 못한다는 뜻으로, 물가 따위가 한없이 오르기만 함을 비유적으로 이르는 말.

천장은 지붕의 안쪽, 그러니까 집에서 보면 가장 높은 곳을 가리킨다. 요즘 아파트로 치자면 위층과 아래층을 구분해 주는 설치물인 셈이다. 천장은 본래 한자 천정(天井)이 변한 것이다.
천정부지는 천장을 알지 못한다는 것으로, 무엇인가가 높이를 알 수 없을 만큼 높이 치솟는 모습을 가리킨다.

참고표현

천양지차(天壤之差) : 하늘과 땅 사이와 같은 엄청난 차이.

예문 요즘 물가가 천정부지로 치솟아, 서민들의 살림살이가 매우 힘든 상태입니다.

井

우물 **정**

差

어긋날 **차**

255

생면부지 生面不知

날 **생**, 얼굴 **면**, 아니 **불**, 알 **지**

| 서로 한 번도 만난 적이 없어서 전혀 알지 못하는 사람이나 그런 관계.

태어나서 한 번도 본 적 없는 얼굴을 가리키는 표현이다.

부지(不知)는 '알 수 없다'는 뜻으로, 다음과 같은 표현에도 등장한다.

참고표현

부지불식간(不知不識間) : 생각하지도 못하고 알지도 못하는 사이.

부지거처(不知去處) : 간 곳을 모름.

부지기수(不知其數) : 헤아릴 수가 없을 만큼 많음. 또는 그렇게 많은 수효.

예문 길을 가는데, 생면부지의 사람이 다가와 아는 체를 한다.

예문 부지불식간에 일이 벌어져 손을 쓸 수가 없었다.

예문 그가 달아난 후 완전히 부지거처가 되어, 그를 보았다는 사람은 하나도 없다.

예문 지금 그를 따르는 지지자들은 부지기수라서, 나는 그가 당선되리라고 믿는다.

面

얼굴 **면**

256

발호 跋扈

밟을 **발**, 창궐할 **호**

| 권세나 세력을 제멋대로 부리며 함부로 날뜀.

앞에 걸리는 것은 무엇이든 밟아버리고, 온 세상에 창궐하는 모습을 가리키는 표현이다.
발호는 좋은 뜻으로 쓰는 경우는 없다.

참고표현

천방지축(天方地軸)
「1」 못난 사람이 종작없이 덤벙이는 일.
「2」 너무 급하여 허둥지둥 함부로 날뜀.
천방지축은 글자 그대로, 온 하늘로 흩어지고, 드넓은 땅위로 굴대를 굴리며 돌아다니는 모습을 가리킨다.
경천동지(驚天動地) : 세상을 몹시 놀라게 함.

예문 세상이 어지럽다 보니 무지한 자들이 발호하기 시작하는구나.

方

모 방

地

땅 지

257

천진난만天眞爛漫

하늘 **천**, 참 **진**, 흐드러질 **난**, 질펀한 **만**

| 말이나 행동에 아무런 꾸밈이 없이 그대로 나타날 만큼 순진하고 천진함.

하늘에서 타고난 그대로 피어난 꽃과 같이 참된 모습을 가리킨다. 일반적으로 아이들의 행동을 가리켜 '천진난만하다'고 표현한다.

비슷한말

순진무구(純眞無垢) : 티 없이 순수하고 참됨.

지고지순(至高至純) : 더할 수 없이 높고 순수함.

예문 그를 보고 있자면 마치 어린아이처럼 천진난만한 구석이 있음을 깨닫게 된다.

眞

참 진

純

순수할 순

258

등고자비 登高自卑

오를 **등**, 높을 **고**, 조사 **자**, 낮을 **비**

> 높은 곳에 오르려면 낮은 곳에서부터 올라야 한다는 뜻으로, 일을 순서대로 하여야 함을 이르는 말.

비(卑)는 '낮다, 천하다'라는 뜻의 글자이다.
노비(奴婢-사내종과 계집종), 비천(卑賤-지위나 신분이 낮고 천함), 비속어(卑俗語-격이 낮고 속된 언어), 존비귀천(尊卑貴賤-사회적 지위나 신분의 높음과 낮음 또는 귀함과 천함) 같은 표현에 사용한다.
등고자비(登高自卑)는 우리 속담 '천릿길도 한걸음부터'와 같은 뜻을 갖는 표현이다.
또 '바늘 허리 꿰어 못 쓴다'라는 속담과도 일맥상통한다.

예문 등고자비라고 했는데, 너는 노력은 하지 않고 성과부터 거두려고 애를 쓰는구나.

登

오를 등

高

높을 고

259

자업자득 自業自得

스스로 **자**, 일 **업**, 스스로 **자**, 얻을 **득**

| 자기가 저지른 일의 결과를 자기가 받음.

자기가 저지른 일에 대해서는 그 결과 또한 자기가 책임져야 한다는 뜻으로 자주 쓰는 표현이다.

비슷한말

자승자박(自繩自縛) : 자기의 줄로 자기 몸을 옭아 묶는다는 뜻으로, 자기가 한 말과 행동에 자기 자신이 옭혀 곤란하게 됨을 비유적으로 이르는 말.

참고표현

자화자찬(自畫自讚) : 자기가 그린 그림을 스스로 칭찬한다는 뜻으로, 자기가 한 일을 스스로 자랑함을 이르는 말.

예문 자업자득이니, 누구를 원망하겠는가.

業

일 업

260 모순 矛盾

창 모, 방패 순

> 창과 방패라는 뜻으로, 어떤 사실의 앞뒤, 또는 두 사실이 이치상 어긋나서 서로 맞지 않음을 이르는 말.

고대 중국 초나라의 상인이 창과 방패를 팔면서, 창은 어떤 방패로도 막지 못하는 창이라 하고, 방패는 어떤 창으로도 뚫지 못하는 방패라 하며, 앞뒤가 맞지 않은 말을 하였다는 데서 유래한다.

모순(矛盾)은 고사성어 가운데 가장 유명한 표현 가운데 하나다.

비슷한말

자가당착(自家撞着) : 같은 사람의 말이나 행동이 앞뒤가 서로 맞지 아니하고 모순됨.

이율배반(二律背反) : 서로 모순되어 양립할 수 없는 두 개의 명제. 칸트에 의하여 널리 쓰이게 된 용어로, 세계를 인식 능력에서 독립된 완결적 전체로서 받아들일 수 있을 때 이성은 필연적으로 이율배반에 빠진다고 한다.

律

법 율

261

대기만성 大器晩成

큰 대, 그릇 기, 늦을 만, 이룰 성

> 큰 그릇을 만드는 데는 시간이 오래 걸린다는 뜻으로, 크게 될 사람은 늦게 이루어짐을 이르는 말.

노자의《도덕경》에 나오는 말이다.

기(器)는 '그릇'을 가리키는데, 단순히 그릇이 아니라 대기만성처럼 사람을 비유적으로 나타내는 경우도 많다.

참고표현

대기소용(大器小用) : 유능한 사람을 능력에 걸맞지 않은 낮은 자리에 앉히고 부림.

군자불기(君子不器) : 군자는 형태가 고정된 그릇과 달라서, 모든 분야에 원만하게 적용할 수 있음.

예문 그야말로 대기만성의 표상이라고 할 수 있어. 학교 다닐 때는 눈에 전혀 띄지 않는 평범한 학생이었거든. 그런데 노벨상을 받다니 말이야.

器

그릇 **기**

262 대도무문 大道無門

큰 대, 길 도, 없을 무, 문 문

| 큰 깨달음이나 진리에 이르는 데에는 정해진 길이나 방식이 없음.

도(道)는 동양에서는 가장 중요한 가치나 목표로 인식해 왔다. 그래서 공자님은 이렇게 말씀하셨다고 한다.

조문도석사가의(朝聞道夕死可矣) : 아침에 도를 들으면 저녁에 죽어도 좋다는 뜻으로, 참된 이치를 깨달았으면 죽어도 여한이 없다는 말.

대도무문 역시 도에 이르는 길을 가리키는 표현인 셈이다.

참고표현

대역무도(大逆無道) : 임금이나 나라에 큰 죄를 지어 도리에 크게 어긋남.

예문 큰 일을 이루겠다고 다짐한 인물이라면 당연히 대도무문의 길을 걸어야 할 것이다.

聞

들을 문

263

대의명분 大義名分

큰 **대**, 뜻 **의**, 이름 **명**, 구분할 **분**

> 사람으로서 마땅히 지키고 행하여야 할 도리나 본분. 또는 어떤 일을 꾀하는 데 내세우는 합당한 구실이나 이유.

대의명분은 실제로 눈에 보이는 것이 아니라, 세상을 향해 내세울 만한 가치나 정의를 가리킨다.
따라서 대의명분이 없다고 행동할 수 없는 것은 아니지만,
다른 사람들이나 세상의 인정을 받기는 힘들다. 현실적으로는 독재자일수록 대의명분 따위는 아랑곳하지 않은 채 자신이 하고자 하는 일을 실행에 옮긴다.

예문 지금 혁명의 기치를 내거는 건 대의명분이 없는 일일 뿐이다.

義

옳을 **의**

名

이름 **명**

264

존왕양이 尊王攘夷

높일 **존**, 임금 **왕**, 물리칠 **양**, 오랑캐 **이**

왕실을 높이고 오랑캐를 물리침.

중국 춘추 시대에 제후들이 전쟁을 일으킬 때 가장 많이 내세운 대의명분이 존왕양이였다.
이때 왕실은 주(周)나라를 가리키며, 자신들은 주나라를 보호하기 위해 상대방인 오랑캐를 친다는 것이었다.
그러나 전국시대에 접어들면서 존왕양이라는 대의명분은 슬그머니 사라지고, 이때부터는 말 그대로 약육강식의 사투가 벌어지기 시작했다. 그리고 진나라가 기원전 221년, 최초로 천하통일을 이루면서 전국 시대는 종말을 맞았다.

참고표현

위정척사(衛正斥邪) : 구한말에, 주자학을 지키고 가톨릭을 물리치기 위하여 내세운 주장. 본디 정학(正學)과 정도(正道)를 지키고 사학(邪學)과 이단(異端)을 물리치자는 것으로, 외국과의 통상 반대 운동으로 이어졌다.

예문 그들은 존왕양이의 기치를 높이 들고, 서양 세력에 맞서기 위해 궐기하였다.

王

임금 **왕**

265

일엽편주 一葉片舟

한 **일**, 잎 **엽**, 조각 **편**, 배 **주**

| 한 척의 조그마한 배.

잎사귀 한 조각만큼 작은 배를 가리는 표현이다.
엽(葉)은 '잎사귀'를 가리키는 글자로, 낙엽(落葉-떨어진 나뭇잎), 침엽수(針葉樹-잎이 뾰족한 나무) 등에 사용한다.

참고표현

일엽지추(一葉知秋) : 하나의 나뭇잎을 보고 가을이 옴을 안다는 뜻으로, 조그마한 일을 가지고 장차 올 일을 미리 짐작함.
《회남자(淮南子)》〈설산훈편(說山訓篇)〉에서 유래한다.

예문 우리 일행은 일엽편주에 몸을 싣고 망망대해를 건너기 시작했다.

葉

잎 엽

舟

배 주

266 일사불란 一絲不亂

한 **일**, 실 **사**, 아니 **불**, 어지러울 **란**

> 한 올의 실도 엉키지 아니함이란 뜻으로, 질서가 정연하여 조금도 흐트러지지 않는 모습을 이르는 말.

불란(不亂)은 '어지럽지 아니함, 또는 혼란스럽지 아니함'을 가리킨다. 한편 분란(紛亂)은 '어수선하고 소란스러움'을 가리킨다. 두 단어는 소리가 비슷한 반면 뜻은 정반대이기 때문에 사용 시 유의해야 한다.

비슷한말

질서정연(秩序整然) : 사물의 순서나 차례가 가지런함.

참고표현

풍기문란(風紀紊亂) : 풍속이나 규범 따위를 어기고 어지럽히는 일.
질서문란(秩序紊亂) : 순서가 어지럽고 체계가 잡혀 있지 않은 모습.

예문 시위대는 많은 숫자에도 불구하고 일사불란하게 걸으며 질서를 유지했다.

絲

실 **사**

序

차례 **서**

267

구곡간장 九曲肝腸

아홉 **구**, 굽을 **곡**, 간 **간**, 창자 **장**

> 굽이굽이 서린 창자라는 뜻으로, 깊은 마음속 또는 시름이 쌓인 마음속을 비유적으로 이르는 말.

간(肝)은 우리 장기 가운데 간을 가리킨다.
다른 장기를 가리키는 글자들도 살펴보자.

장(腸) : 창자 폐(肺) : 허파 위(胃) : 밥통 심장(心臟) : 염통
비장(脾腸) : 지라 췌장(膵臟) : 이자 항문(肛門) : 똥구멍

참고표현

구절양장(九折羊腸) : 아홉 번 꼬부라진 양의 창자라는 뜻으로,
꼬불꼬불하며 험한 산길을 이르는 말.

예문 어머니 마음속에 자리한 구곡간장 아픈 속을 누가 다 이해하리.

曲

굽을 곡

折

꺾을 절

268

구십춘광 九十春光

아홉 **구**, 열 **십**, 봄 **춘**, 빛 **광**

구십 일, 즉 석 달 동안에 이르는 화창한 봄 날씨.

청나라 때 시인 오석기는 이런 시를 썼다.

낙화 떨어지고 솜 날며 안개 물 속에 가득한데
구십 일 봄빛은 베틀북처럼 지나는구나
그 자취 해마다 어느 곳에서 찾아야 할지 모르겠고
해마다 흰머리만 늘어가는구나

그로부터 유래한 표현이 구십춘광(九十春光), 즉 구십 일에 이르는 봄빛이다.
구(九)가 들어가는 표현은 앞서 살펴본 구우일모(九牛一毛), 구중심처(九重深處) 외에도 많다.

참고표현

삼순구식(三旬九食) : 삼십 일 동안 아홉 끼니밖에 먹지 못한다는 뜻으로, 몹시 가난함을 이르는 말.

예문 구십춘광 봄빛을 즐기며 우리는 여행길에 나섰다.

털 모

269

거재두량 車載斗量

수레 **거**, 실을 **재**, 말 **두**, 헤아릴 **량**

> 수레에 싣고 말로 된다(양을 잰다)는 뜻으로, 물건이나 인재 따위가 많아서 그다지 귀하지 않음을 이르는 말.

《삼국지》에 이런 이야기가 나온다.

유비가 관우와 장비를 잃은 후 복수를 위해 오나라 손권을 공격하고자 하였다. 이에 손권은 위나라 황제 조비에게 함께 유비를 공격할 것을 제안했다. 이때 손권의 사신으로 위나라에 간 조자는 매우 뛰어난 인물로, 그를 만나 감탄한 조비는 이렇게 물었다.

"오나라에 그대와 같은 인물이 몇이나 있는가?"

그러자 조자가 대답하였다.

"저보다 총명한 인물이 팔구십 명이요, 나 같은 사람은 수레에 싣고 말로 될 만큼 많아 셀 수조차 없습니다."

그로부터 유래한 표현이 거재두량(車載斗量)이다.

두(斗)는 과거에 사용하던 도량형으로, 우리말로는 '말'을 뜻한다.

한 말은 오늘날 도량형으로 약 18리터로, 매우 많은 양이다.

말보다 적은 양을 가리키는 도량형은 되와 홉이 있다.

한 되는 1/10말로, 약 1.8리터.

한 홉은 1/10되로, 약 180밀리리터.

말 두

270 우후죽순 雨後竹筍

비 **우**, 뒤 **후**, 대나무 **죽**, 죽순 **순**

> 비가 온 뒤에 여기저기 솟는 죽순이라는 뜻으로, 어떤 일이 한 순간에 많이 생겨남을 비유적으로 이르는 말.

대나무는 사철 푸르고 굳게 자라 지조와 절개의 상징이자, 선비들이 좋아하는 나무이기도 하다.

그런데 대나무가 벼과에 속한다는 사실을 아는 사람은 드물다. 벼가 자라듯이 무럭무럭 자라는데, 20미터 이상 자라기도 한다. 그만큼 빨리 자라는 식물이다.

죽순(竹筍)은 대의 땅속줄기에서 돋아나는 어린싹으로 음식 재료로 유명하다.

비온 뒤 죽순은 여기저기서 매우 많이 자라나는 까닭에 위와 같은 표현이 태어났다.

참고표현

비일비재(非一非再) : 같은 현상이나 일이 한두 번이나 한둘이 아니고 많음.

예문 선거 때가 되니 나라 걱정하는 사람들이 이곳저곳에서 우후죽순처럼 등장했다.

再

다시 **재**

271 백가쟁명 百家爭鳴

일백 **백**, 집 **가**, 다툴 **쟁**, 울 **명**

> 많은 학자나 문화인 등이 자기의 학설이나 주장을 자유롭게 발표하여, 논쟁하고 토론하는 일.

가(家)는 '집'을 가리키는 글자다. 그 외에도 '가문, 같은 학문을 하는 무리, 전문가' 등을 나타낼 때도 사용한다.
백가쟁명은 아래 나오는 수많은 학파가 서로 자신들의 주장을 내세우며 다투는 모습을 가리킨다.

참고표현

제자백가(諸子百家) : 춘추 전국 시대의 여러 학파. 공자(孔子), 관자(管子), 노자(老子), 맹자(孟子), 장자(莊子), 묵자(墨子), 열자(列子), 한비자(韓非子), 윤문자(尹文子), 손자(孫子), 오자(吳子), 귀곡자(鬼谷子) 등의 유가(儒家), 도가(道家), 묵가(墨家), 법가(法家), 명가(名家), 병가(兵家), 종횡가(縱橫家), 음양가(陰陽家) 등을 통틀어 이른다.
백화제방(百花齊放) : 온갖 학문이나 예술, 사상 따위가 함께 융성함을 비유적으로 이르는 말.

예문 지금 우리 역사학계는 백가쟁명의 시대로 접어들고 있습니다.

諸

모든 제

272 백전불태 百戰不殆

일백 **백**, 싸울 **전**, 아니 **불**, 위태할 **태**

| 백 번을 싸워도 위험에 처하지 않음.

《손자병법》에 나오는 유명한 표현이다.
일반적으로는, '지피지기(知彼知己)면 백전백승(百戰百勝)'이라고 알려져 있다.
'적을 알고 나를 알면, 백 번 싸워 백 번 모두 이긴다'라는 뜻인데, 《손자병법》에는 '백전불태'라고 적고 있다.

참고표현

백전불패(百戰不敗) : 싸울 때마다 다 이김.
백발백중(百發百中) : 백 번 쏘아 백 번 맞힌다는 뜻으로, 총이나 활 따위를 쏠 때마다 겨눈 곳에 다 맞음을 이르는 말.

예문 적을 알고 나를 알면 백전불태라고 하니, 적에 대해 조금 더 공부해야 한다.

百

일백 **백**

戰

싸울 **전**

273

천변만화 千變萬化

일천 **천**, 변할 **변**, 일만 **만**, 될 **화**

| 끝없이 변화함.

천 번 변하고, 만 번 변화한다는 뜻으로, 끊임없이 변화하는 모습을 가리킨다.

비슷한말

변화무쌍(變化無雙) : 변하는 정도가 비할 데 없이 심함.

참고표현

천태만상(千態萬象) : 천 가지 모습과 만 가지 형상이라는 뜻으로, 세상 사물이 한결같지 아니하고 각각 모습·모양이 다름을 이르는 말.

천차만별(千差萬別) : 여러 가지 사물이 모두 차이가 있고 구별이 있음.

예문 천변만화하는 시장 상황을 너무 안일하게 보고 있는 것 아닙니까?

化

될 화

別

나눌 별

274

천편일률 千篇一律

일천 **천**, 책 **편**, 한 **일**, 가락 **률**

> 여러 시문의 격조(格調)가 모두 비슷하여 개별적 특성이 없음. 또는 여럿이 개별적 특성이 없이 모두 엇비슷한 현상을 비유적으로 이르는 말.

천편일률은 본래 여러 시가 모두 같은 율조를 가져서 서로 차이가 없는 모습을 가리켰다. 이 뜻이 확대되어, 주장이나 이론, 주제 등이 비슷한 것을 가리킬 때도 사용하게 되었다.

비슷한말

대동소이(大同小異) : 큰 차이 없이 거의 같음.

이 표현은 크게는 같으나, 작은 차이만 있을 뿐이라는 뜻인데, 실제로 사용할 때는 천편일률과 동일하게 쓴다.

참고표현

각양각색(各樣各色) : 각기 다른 여러 가지 모양과 빛깔.

각인각색(各人各色) : 사람마다 각기 다름.

예문 모든 응모작이 천편일률적이니 수상작을 선정하기가 매우 어렵습니다.

千

일천 **천**

各

각각 **각**

275

천재일우 千載一遇

일천 **천**, 실을 **재**, 한 **일**, 만날 **우**

> 천 년 동안 단 한 번 만난다는 뜻으로, 좀처럼 만나기 어려운 좋은 기회를 이르는 말.

우(遇)는 '우연히 만나다'를 뜻하는 글자로, 의도 없이 만나는 모습을 나타낸다.

조우(遭遇-우연히 서로 만남), 불우(不遇-살림이나 처지가 딱하고 어려움), 경우(境遇-놓여 있는 조건이나 놓이게 된 형편이나 사정) 등에 사용한다.

참고표현

물실호기(勿失好機) : 좋은 기회를 놓치지 아니함.

예문 이야말로 천재일우의 기회입니다. 이를 놓치면 더 이상 기회는 찾아오지 않을 것입니다.

遇

만날 **우**

好

좋을 **호**

276 불가사의 不可思議

아니 **불**, 가할 **가**, 생각할 **사**, 의논할 **의**

| 사람의 생각으로는 미루어 헤아릴 수 없이 이상하고 야릇함.

세계 10대 불가사의, 고대 7대 불가사의 같은 표현을 자주 접하게 되는데, 불가사의는 '사람의 상상을 뛰어넘어 이해할 수 없는 현상이나 상태'를 가리킨다.

비슷한말

불가해(不可解) : 이해할 수 없음.

참고표현

불가항력(不可抗力) : 사람의 힘으로는 저항할 수 없는 힘. 대표적인 불가항력으로 천재지변을 들 수 있다.

천재지변(天災地變) : 지진, 홍수, 태풍 따위의 자연 현상으로 인한 재앙.

예문 그의 행동은 불가사의라고밖에는 설명할 수 없다. 자기가 주장하던 바인데, 180도 태도를 바꾸다니 도무지 이해하기 어렵다.

可

가할 **가**

思

생각할 **사**

277

불문곡직 不問曲直

아니 **불**, 물을 **문**, 굽을 **곡**, 곧을 **직**

> 굽었는지 곧은지를 묻지 않는다는 뜻으로, 옳고 그름을 따지지 아니함을 이르는 말.

곡(曲)은 '굽다, 바르지 않다, 정직하지 않다, 공정하지 않다' 같은 좋지 않은 뜻을 두루 포함하는 반면, 직(直)은 '곧다, 바르다, 옳다, 굳세다' 같은 좋은 뜻을 많이 포함한다.

참고표현

시비곡직(是非曲直) : 옳고 그르고 굽고 곧음.

이실직고(以實直告) : 사실 그대로 고함.

불문가지(不問可知) : 묻지 아니하여도 알 수 있음.

예문 그는 끌려오자마자 불문곡직하고 매부터 맞아야 했다.

問

물을 문

直

곧을 직

278

불구대천 不俱戴天

아니 **불**, 함께 **구**, 일 **대**, 하늘 **천**

> 하늘을 함께 이지 못한다는 뜻으로, 이 세상에서 같이 살 수 없을 만큼 큰 원한을 가짐을 비유적으로 이르는 말.

하늘을 함께 이지 못한다는 말은, 같은 하늘 아래에서는 함께 살아갈 수 없음을 이른다. 그만큼 강한 원수를 가리키는 표현인데, 중국에는 무협지에서 보듯 이런 원수 사이가 많은 듯하다.

비슷한말

불공대천(不共戴天) : 불구대천과 같은 뜻.

철천지원수(徹天之怨讐) : 하늘에 사무치도록 한이 맺히게 한 원수.

예문 그는 우리 집안과 불구대천의 원수다. 도저히 그를 용서할 수 없다.

共

함께 **공**

怨

원망할 **원**

279 빙탄불상용 氷炭不相容

얼음 **빙**, 숯 **탄**, 아니 **불**, 서로 **상**, 용납할 **용**

> 얼음과 숯이 서로 용납하지 못한다는 뜻으로, 사물이 서로 화합하기 어려움을 이르는 말.

빙탄(氷炭)은 그 자체로도 '얼음과 숯이라는 뜻으로, 서로 성질이 정반대여서 용납하지 못하는 관계'를 이른다.
빙(氷)은 '얼음'을 가리키는데, 앞서 살펴본 여리박빙(如履薄氷)에도 등장한다.

참고표현

빙산일각(氷山一角) : 빙산의 일각. 전체 가운데 극히 일부분을 뜻한다.
빙자옥질(氷姿玉質) : 얼음같이 맑고 깨끗한 살결과 구슬같이 아름다운 자질.

예문 그와 나는 빙탄불상용의 관계다. 도저히 협조할 수 없음을 이해해 주기 바란다.

氷

얼음 **빙**

얼굴 **용**

280

명불허전 名不虛傳

이름 **명**, 아니 **불**, 빌 **허**, 전할 **전**

> 명성이나 명예가 헛되이 퍼진 것이 아니라는 뜻으로, 이름날 만한 까닭이 있음을 이르는 말.

한자 뜻을 살펴보면, '이름이 전해 오는 것이 텅 빈 일이 아님'이다. 즉, 이름이 전해올 때는 그만큼 뛰어난 부분이 있기 때문이라는 표현이다.

비슷한말

명불허득(名不虛得) : 명예나 명성은 헛되이 얻을 수 있는 것이 아님.

명실상부(名實相符) : 이름과 실상이 서로 꼭 맞음.

예문 그의 작품을 보니 역시 명불허전임을 알겠다.

虛

빌 **허**

傳

전할 **전**

281 목불인견 目不忍見

눈 **목**, 아니 **불**, 참을 **인**, 볼 **견**

눈앞에 벌어진 상황 따위를 눈 뜨고는 차마 볼 수 없음.

이 표현은 잔인하거나 마음이 아파서 보기가 힘들 때뿐 아니라, 어처구니가 없거나 아니꼬운 행동을 할 때도 쓴다.

인(忍)은 '참다'라는 뜻으로, 선비들이 중요하게 여기는 덕목 가운데 하나다.

참고표현

견인불발(堅忍不拔) : 굳게 참고 견디어 마음이 흔들리지 않음.
은인자중(隱忍自重) : 마음속에 감추어 참고 견디면서 몸가짐을 신중하게 행동함.

예문 그의 행동을 보니, 참으로 목불인견이더라. 잘한 게 하나도 없으면서 설치는 꼴이라니!

忍

참을 인

見

볼 견

282

능서불택필 能書不擇筆

능할 **능**, 글 **서**, 아니 **불**, 가릴 **택**, 붓 **필**

> 글씨를 잘 쓰는 이는 붓을 가리지 않는다는 뜻으로, 경지에 오른 사람은 도구나 재료에 구애받지 않고도 자기 실력을 충분히 발휘할 수 있음을 이르는 말.

당나라 때 글씨를 잘 쓰는 것으로 오늘날까지 유명한 구양순(557-641)이 붓을 가리지 않고 글을 썼다는 데서 유래한 표현이다. 그는 자신의 이름을 딴 글씨인 구양순체를 남겼다.
우리 속담에도 '뛰어난 목수는 연장을 가리지 않는다' 또는 '목수가 연장 탓만 한다'라는 표현이 있다.

예문 능서불택필인데, 자네는 상황 탓만 하고 있군그래. 뛰어난 목수는 연장을 가리지 않는다고 하던데, 언제까지 연장 탓만 하려는 건가?

能

능할 능

書

글 서

2
8
3

오불관언 吾不關焉

나 **오**, 아니 **불**, 관여할 **관**, 어찌 **언**

| 나는 그 일에 상관하지 않음.

'내가 어찌 그 일에 관여하겠는가?' 하는 표현인데, 눈앞에서 일어나고 있는 일에 개입하지 않는 태도를 나타낸다.

비슷한말

수수방관(袖手傍觀) : 팔짱을 끼고 보고만 있다는 뜻으로, 간섭하거나 거들지 아니하고 그대로 버려둠을 이르는 말.

도외시(度外視) : 상관하지 아니하거나 무시함.

참고표현

치지도외(置之度外) : 내버려 두고 문제삼지 않음.

예문 그는 혼란이 벌어지는 와중에도 오불관언의 태도를 유지할 뿐이었다.

吾

나 오

關

관여할 관

284

백안시 白眼視

흴 **백**, 눈 **안**, 바라볼 **시**

흰 눈으로 본다는 뜻으로, 남을 업신여기거나 무시하는 태도로 흘겨봄.

중국의《진서(晉書)》〈완적전(阮籍傳)〉에서 나온 말이다.
진나라 때 죽림칠현의 한 사람인 완적(阮籍)이 반갑지 않은 손님은 백안(白眼-업신여기거나 냉대하여 흘겨보는 눈)으로 대하고, 반가운 손님은 청안(青眼-좋은 마음으로 남을 보는 눈)으로 대한 데서 유래한다.

참고표현

적대시(敵對視) : 적으로 여기며 바라봄.
죽림칠현(竹林七賢) : 중국 위(魏)나라와 진(晉)나라가 교체되던 시기(266년 무렵)에 노자와 장자의 무위 사상을 숭상하여 죽림에 모여 청담으로 세월을 보낸 일곱 명의 선비. 곧 산도(山濤), 왕융(王戎), 유영(劉伶), 완적(阮籍), 완함(阮咸), 혜강(嵇康), 상수(向秀)이다.

예문 내게 무슨 원한이 있는지 모르겠지만, 그렇게 나를 백안시하지 마라.

眼

눈 안

285 복수불반분 覆水不返盆

엎을 **복**, 물 **수**, 아니 **불**, 되돌릴 **반**, 동이 **분**

> 엎지른 물은 다시 담을 수 없다는 뜻으로, 일단 저지른 일은 다시 되돌릴 수 없다는 말.

고대 중국의 유명한 강태공과 관련된 이야기에서 비롯한 표현이다. 강태공은 평생 벼슬길에 나아가지 않은 채 낚시로 세월을 보내고 있었다. 그러자 아내가 그를 버리고 가출해 혼자 살아야 했다. 그 후 강태공은 주나라 건국에 주역이 되었고, 제나라 제후가 되었다. 이에 아내가 돌아와 다시 살자고 했다. 그러자 강태공이 물 한 그릇을 가져와 아내 앞에 엎지른 후 말했다. "이 물을 다시 그릇에 담아 보시오."

당연히 아내는 물을 담지 못했다. 이에 강태공이 다시 말했다.

"한 번 엎지른 물은 다시 담을 수 없고, 한 번 떠난 사람과는 다시 살 수 없는 것이라오."

비슷한말

복배지수(覆杯之水) : 엎지른 물이라는 뜻으로, 다시 수습하기 곤란한 상황을 이르는 말.

返

되돌릴 반

286

원교근공 遠交近攻

멀 **원**, 사귈 **교**, 가까울 **근**, 공격할 **공**

먼 나라와 친교를 맺고 가까운 나라를 공격함.

고대 중국 전국 시대에 진(秦)나라에서 활동한 지략가 범수가 주장한 외교책이다.
일반적으로는 가까운 나라와 가깝게 지내고, 멀리 있는 나라를 공격한다. 하지만 범수는, 가까운 나라를 공격하면 그 나라가 우리 땅이 되는 반면, 먼 나라는 공격해 봐야 우리에게 도움이 되지 않는다며 원교근공책을 주장했다.
진나라는 그의 계책을 수용해 천하통일을 이룰 수 있었다.
또 다른 외교 정책도 있다.

참고표현

사대교린(事大交隣) : 큰 나라는 받들어 섬기고, 이웃한 나라와는 화평하게 지냄.

예문 원교근공책을 실시한 결과 진나라는 천하통일을 이룰 수 있었다.

遠 一 十 土 尹 吉 吉 声 卓 卓 袁 袁 猿 猿 遠

멀 원

攻 一 T I I' 攻 攻 攻

칠 공

287 역린 逆鱗

거스를 **역**, 비늘 **린**

> 임금의 노여움을 이르는 말. 용의 턱 아래에 거꾸로 난 비늘을 건드리면 용이 크게 노하여 건드린 사람을 죽인다고 한다는 데서 유래한 말.

중국 전국 시대는 고사성어의 보물창고라고 할 만큼 다양한 표현이 탄생한 시기다. 그만큼 다양한 사건이 벌어지기도 했다.
역린은 천하통일을 한 진(秦)나라의 유명한 법가 사상가 한비자가 집필한 책《한비자》에 나오는 표현으로, 그 내용은 다음과 같다.

왕을 설득하고자 할 때는 우선 왕의 마음을 살펴야 한다. 용은 길들이면 타고 다닐 수 있다. 그러나 그 목에는 역린이라고 하는, 거꾸로 난 비늘이 있다. 이것을 만지는 자는 반드시 죽고야 만다. 군주에게도 역린이 있으니, 그를 설득하고자 하는 자는 역린을 건드리지 않도록 조심해야 한다.

예문 지금 시중에는 당 대표가 대통령의 역린을 건드렸다는 소문이 파다하다.

逆

거스를 역

288 낭중지추 囊中之錐

주머니 **낭**, 가운데 **중**, 조사 **지**, 송곳 **추**

> 주머니 속의 송곳이라는 뜻으로, 재능이 뛰어난 사람은 숨어 있어도 저절로 사람들에게 알려짐을 이르는 말.

중국 전국 시대를 뒤흔들던 4공자 가운데 한 사람인 조나라 평원군(平原君)이 초나라 지원을 떠나면서 수행원을 선발하고자 하였다. 그때 모수라는 사람이 스스로 천거하고 나섰다. 이에 평원군이 말했다.

"인재는 주머니 속의 송곳과 같아서 튀어나오기 마련이오. 그러나 당신은 지금까지 튀어나온 적이 없으니 인재라고 하기 어렵소."

그러자 모수가 반박하고 나섰다.

"저는 이제까지 주머니 속에 들어간 적도 없었습니다. 만일 저를 주머니 속에 넣어 주신다면 통째로 주머니 밖으로 튀어나올 것입니다."

결국 평원군은 모수를 수행원으로 선발하였고, 모수는 큰 공을 세워 그에 보답하였다.

참고표현

모수자천(毛遂自薦) : 자기가 자기를 추천함.

錐

송곳 추

289

선시어외 先始於隗

먼저 **선**, 시작할 **시**, 조사 **어**, 이름 **외**

> 먼저 곽외부터 등용한다는 뜻으로, 인재를 모집하기 위해서는 보잘것없는 인재라도 등용하는 것이 좋다는 말.

모수가 활동하던 전국 시대에 연나라 소왕이 인재를 모집하였다. 그러나 지원자가 한 명도 없었다. 고민하고 있던 그때 곽외라는 자가 지원하고 나섰다.

반가운 마음에 소왕이 물었다.

"그대의 능력은 무엇인가?"

이에 곽외가 답했다.

"저는 구구단을 잘합니다."

화가 난 소왕이 질책하였다.

"고작 구구단을 외우는 자가 나라를 다스리겠다고?"

그러자 곽외가 말했다.

"대왕께서 인재를 모집하나 아무도 지원하지 않습니다. 그때 곽외라는 보잘것없는 자를 등용했다는 소문이 돌면 어떠하겠습니까? 전국에서 수많은 인재가 몰려들 것입니다. 그러니 먼저 저 곽외부터 등용하십시오."

이에 소왕은 곽외를 등용하였고, 그 후 수많은 인재들이 몰려와 연나라의 위상은 크게 강화되었다.

始

처음 시

290 사마골 오백금 死馬骨五百金

죽을 **사**, 말 **마**, 뼈 **골**, 다섯 **오**, 일백 **백**, 금 **금**

| 죽은 말의 뼈를 비싼 값에 삼.

이 재미있는 이야기는 앞서 등장한 곽외(郭隗)가 주인공이다. 등용된 곽외는 인재를 구하는 방법에 대해 다시 소왕에게 이야기하였다.

"옛날 한 왕이 뛰어난 천리마를 구하고자 천금의 현상금을 내걸었습니다. 그러나 한 마리 말도 구할 수 없었습니다. 그때 한 신하가 나서 '제가 구해오겠습니다' 하고는 천금을 받아갔습니다. 얼마 후 신하는 죽은 말뼈다귀를 가져와 '이 뼈를 오백금에 구해왔습니다' 하고 말했습니다. 왕은 '내가 살아 있는 천리마를 구했지, 말뼈다귀를 구해오라고 했느냐?' 하며 불같이 화를 냈습니다. 그러자 신하가 말했습니다. '지금 대왕께서는 한 마리 말도 구하지 못하고 계십니다. 그런데 제가 죽은 말뼈다귀를 오백금에 구했다는 소문이 세상에 나면 어떻겠습니까? 전국에서 뛰어난 말들이 몰려들 것입니다.' 아니나 다를까, 그 후 여러 마리의 천리마가 궁전으로 모여들었습니다. 인재를 구하는 것은 이와 같습니다. 사소한 인재를 소중히 여기면 귀한 인재는 저절로 몰려오게 되어 있습니다."

郭

성곽 **곽**

291 태산불사토양 泰山不辭土壤

큰 **태**, 산 **산**, 아니 **불**, 사양할 **사**, 흙 **토**, 흙 **양**

> 큰 산은 한 줌의 흙이라도 사양하지 않는다는 뜻으로, 큰 뜻을 가진 사람은 넓은 도량과 마음씨를 지녀야 함을 이르는 말.

천하통일을 이룬 진시황을 도와 빛나는 공을 세운 재상이 바로 이사다.

이사는 본래 초나라 출신으로, 진나라에 와서 등용된 인물이었다. 그러자 진시황 주변에서는 이사를 모함하는 말들이 떠다니기 시작했다. 결국 진시황은 이사를 물러나게 하였다.

이에 이사는 '태산은 한줌의 흙도 사양하지 않아 커다란 산을 이루었고, 황하는 작은 물줄기도 거부하지 않아 커다란 강이 되었습니다' 하는 내용을 적어 진시황에게 올렸고, 진시황은 이사를 본래 직위에 머물게 하였다.

그리고 이사는, 진시황이 천하통일을 이루는 데 가장 큰 힘이 되었다.

泰

큰 태

土

흙 토

292

분서갱유 焚書坑儒

불태울 **분**, 책 **서**, 묻을 **갱**, 선비 **유**

> 책을 불태우고 선비들을 구덩이에 묻는다는 뜻으로, 중국 진시황이 자신에 대한 정치적 비판을 막기 위해 모든 서적을 불태우고 수많은 유생을 구덩이에 묻어 죽인 일을 일컫는 말.

분서갱유는 독재자가 자신의 뜻을 따르지 않는 모든 이들을 가차없이 없애는 잔혹한 정치를 가리키는 대표적인 행동으로 유명하다.
처음 분서갱유를 실시한 것은 진시황이지만, 그에게 분서갱유를 부추긴 인물은 바로 이사였다.
이사는 "옛 서적은 아무런 쓸모가 없는 이론에 불과합니다. 의약, 농사, 천문, 기술 등에 관한 책 외에는 모두 불사르는 것이 좋습니다." 하고 제안하였고, 이때 분서(焚書)가 이루어졌다.
반면에 갱유(坑儒), 즉 선비를 묻어 죽인 행위는 진시황이 독단적으로 행한 것이다.

예문 오늘날 세계 각국에서는 21세기판 분서갱유가 활개를 치고 있다.

書

책 서

293

배수진 背水陣

등 배, 물 수, 진영 진

| 강이나 바다를 등지고 치는 진.

중국 한(漢)나라의 장수 한신이, 강을 등지고 진을 쳐서 병사들이 물러서지 못하고 힘을 다하여 싸우도록 하여 조(趙)나라 군사를 물리쳤다는 데서 유래한다.
원래 병서에 따르면, 물을 뒤로 하면 안 된다고 나와 있다. 후퇴할 길이 없어 몰살당할 수 있기 때문이다.
그런데 그 무렵 한신이 이끄는 한나라 병사들은 조나라 병사에 비해 오합지졸이었다. 이를 안 한신은 죽음을 각오하고 싸워야만 이길 수 있다고 여겨 배수진을 치기로 하였고, 전투에서 큰 승리를 거둘 수 있었다. 한신은 그만큼 뛰어난 인물이었던 것이다.
하지만, 천하통일을 이룬 후 한신은 유방에게서 버림받는다.

비슷한말

파부침선(破釜沈船) : 솥을 깨뜨려 다시 밥을 짓지 아니하며, 배를 가라앉혀 강을 건너 돌아가지 아니하겠다는 뜻으로, 죽을 각오로 싸움에 임함을 비유적으로 이르는 말.

背

등 배

294

다다익선 多多益善

많을 다, 많을 다, 더할 익, 좋을 선

| 많으면 많을수록 더욱 좋음.

어느 날 한신이 그의 주군인 유방과 대화를 나누었다.

"그대는 내가 지휘할 수 있는 군사의 규모가 얼마나 된다고 보는가?"

"10만을 넘지는 못할 것입니다."

이에 유방이 물었다.

"그렇다면 그대가 지휘할 수 있는 규모는 어떠한가?"

한신이 답했다.

"저는 많으면 많을수록 좋습니다."

기분을 상한 유방이 다시 물었다.

"그런데 왜 그대는 내 아래에서 일하고 있는가?"

"그건 폐하께서는 장수들을 잘 다스리시기 때문입니다."

이로부터 나온 표현이 다다익선(多多益善)이다.

多

많을 다

善

좋을 선

295 국사무쌍 國士無雙

나라 **국**, 선비 **사**, 없을 **무**, 쌍 **쌍**

| 나라에서 견줄 대상이 없을 만큼 빼어난 인물을 가리키는 말.

앞서 보았듯이 한신은 항우와 유방에 버금가는 뛰어난 인물이었다. 그래서 한신과 관련된 고사성어 또한 꽤나 많이 전한다.

유방 진영이 어려움에 처하자 많은 병사들이 도망치기 시작했다. 그러던 어느 날, 유방의 고향 친구인 소하마저 사라졌다. 유방이 낙담해 있는데, 다행히도 소하는 돌아왔다. 이에 유방이 물었다.

"자네마저 이럴 수가 있단 말인가?"

그러자 소하가 말했다.

"저는 도망친 게 아니라 세상에 둘도 없는 귀한 인물을 찾아 나섰던 것입니다."

"그게 누구란 말인가?"

"한신입니다."

그 무렵 한신은 일개 병졸이었기에 유방이 어이가 없어 하였다.

그러자 소하가 말했다.

"천하를 얻기 위해서는 한신을 얻어야 합니다."

한신이야말로 국사무쌍이었던 셈이다.

士

선비 **사**

296

토사구팽 兔死狗烹

토끼 **토**, 죽을 **사**, 개 **구**, 삶을 **팽**

> 토끼가 죽으면 토끼를 잡던 사냥개도 필요 없게 되어 주인에게 삶아 먹히게 된다는 뜻으로, 필요할 때는 쓰고 필요 없을 때는 야박하게 버리는 경우를 이르는 말.

토사구팽 역시 한신과 관련된 표현이다.

유방이 한신의 도움을 받아 천하통일을 이루고 한(漢)나라를 건국한 후, 유방은 힘이 강한 장수들을 제거하기 시작했다. 싸울 때는 장수들이 필요했지만, 평화 시에 장수들은 위협이 될 뿐이었기 때문이다.
결국 한신도 그 대상이 되어 잡히고 말았다.
그러자 한신은 잡혀 가면서 이렇게 말했다고 한다.
"토끼 사냥이 끝나면 사냥개는 삶아 먹히기 마련이란 말이냐.
내 일찍이 유방에 맞서 천하를 나누어 가지라는 말을 들었어야 하는데……"

예문 지금 시중에는, 그가 토사구팽당했다는 소문이 널리 퍼져 있어.

死 一 歹 歹 歹 歹 死

죽을 사

297 사면초가四面楚歌

넉 **사**, 낯 **면**, 초나라 **초**, 노래 **가**

> 사방이 초나라의 노랫소리라는 뜻으로, 아무에게도 도움을 받지 못하는 외롭고 곤란한 지경에 빠진 형편을 비유적으로 이르는 말.

진나라가 천하통일을 이루고 얼마 안 되어 혼란에 빠지자, 항우와 유방이 천하를 놓고 다투게 된다. 처음에는 항우가 앞섰으나 한신 등 많은 명장을 끌어들인 유방이 점차 세력을 키우기 시작했고, 결국 항우를 물리치고 한나라를 건국하기에 이른다.

사면초가는《사기》〈항우본기(項羽本紀)〉에 나오는 말로, 초나라 항우가 사면을 둘러싼 한나라 군사 쪽에서 들려오는 초나라의 노랫소리를 듣고 초나라 군사가 이미 항복한 줄 알고 놀랐다는 데서 유래한다. 궁지에 몰린 항우를 향해 한나라 병사들이 초나라 노래를 불러 사기를 꺾고 최종 승리를 거두는 모습을 가리킨다.

예문 지금 우리 회사는 사면초가의 어려움에 빠져 있습니다. 이럴 때일수록 모든 임직원이 단합해 어려움을 극복해 나갑시다.

歌

노래 **가**

298 역발산기개세 力拔山氣蓋世

힘 력, 뺄 발, 산 산, 기운 기, 덮을 개, 세상 세

> 힘은 산을 뽑을 만큼 매우 세고, 기개는 세상을 덮을 만큼 웅대함을 이르는 말.

사면초가를 들은 항우는 자신의 종말이 다가왔음을 느낀다. 그는 마지막 노래를 부르고 장렬히 끝을 맞기로 다짐하였다.
그때 지어 부른 것이 다음 시다.

역발산기개세 (力拔山氣蓋世)
시불리혜추불서 (時不利兮騅不逝)
추불서혜가내하 (騅不逝兮可奈何)
우혜우혜나약하 (虞兮虞兮奈若何)

힘은 산을 뽑을 만하고, 기운 또한 세상을 덮을 만한데
때와 운이 불리하니 내 말 추 또한 달리지 못하는구나.
추가 달리지 못하니, 어찌 해야 한단 말인가
우여, 우여, 그대를 어찌 한단 말인가.

추는 항우가 타던 말이고, 우는 항우의 애인 우희를 가리킨다.

力 力 力

힘 력

299 금의환향 錦衣還鄕

비단 **금**, 옷 **의**, 돌아올 **환**, 고향 **향**

> 비단옷을 입고 고향에 돌아온다는 뜻으로, 출세를 하여 고향에 돌아가거나 돌아옴을 비유적으로 이르는 말.

진나라가 혼란에 빠지자 반란군이 결성되었고, 항우와 유방 등이 이끄는 반란군은 진나라 수도 관중을 함락시켰다. 이때 항우가 가장 앞장섰는데, 항우의 참모 한생이 말한다.

"이곳 관중은 천하의 요충지이자 비옥한 땅입니다. 이곳을 점령하여 천하를 통일하십시오."

그러나 항우는 다음과 같이 말하며 그의 조언을 거절한다.

"비단옷을 입었으면 밝은 대낮에 고향으로 돌아가는 것이 마땅하다. 성공하고도 고향으로 돌아가지 않는다면, 비단옷을 입고 밤길을 가는 것과 무엇이 다르겠는가?"

항우가 고향 초나라로 귀국하자, 유방이 관중 서쪽 땅을 근거로 세력을 키워 결국 항우를 물리치게 된다.

반대말

금의야행(錦衣夜行) : 비단옷을 입고 밤길을 다닌다는 뜻으로, 자랑삼아 하지 않으면 생색이 나지 않음을 이르는 말.

鄕

고향 **향**

300

금상첨화 錦上添花

비단 **금**, 위 **상**, 더할 **첨**, 꽃 **화**

> 비단 위에 꽃을 더한다는 뜻으로, 좋은 일 위에 또 좋은 일이 더함을 비유적으로 이르는 말.

중국 북송 출신 시인이자 문인인 왕안석은 다음과 같은 시를 남겼다.

좋은 초대 받아 술잔을 거듭하니
아름다운 노래는 비단 위에 꽃을 더함이네.(麗唱仍添錦上花)
문득 무릉의 술과 안주의 객이 되니
냇물 원류에는 미처 노을이 붉지 않네

이로부터 유래한 표현이 금상첨화이다.

예문 시험에 합격하고 아버지 병환까지 완쾌되었다니 금상첨화가 따로 없군.

添 添 添 添

더할 첨

花

꽃 화

301

기라성 綺羅星

비단 **기**, 그물 **라**, 별 **성**

> 밤하늘에 반짝이는 무수한 별이라는 뜻으로, 신분이 높거나 권력이나 명예 따위를 가지고 있는 사람이 모여 있는 것을 비유적으로 이르는 말.

진나라가 혼란에 빠진 틈을 타 일어선 반란군에는 유방, 항우, 한신을 비롯해 수많은 군사 지도자, 학자 들이 포함되어 있었다.
이렇게 뛰어난 인재들이 많이 모여 있는 모습을 가리키는 표현이다.

비단은 인류 역사를 바꾼 옷감 가운데 대표적인 것이다.
그래서 비단을 교역하던 유통망을 가리켜 비단길이라고 부를 정도인데, 그만큼 중요한 비단인 만큼 비단을 가리키는 한자도 다양하다.
금(錦), 기(綺), 단(緞), 주(紬) 등이 모두 비단을 가리키는 글자들이다.

예문 이 학교에는 기라성 같은 인재들이 모여 있다. 따라서 열심히 공부하지 않으면 이들과 함께할 수 없을 것이다.

星

별 성

302

연저지인 吮疽之仁

빨 **연**, 등창 **저**, 조사 **지**, 어질 **인**

> 고름을 빨아 주는 어짊이란 뜻으로, 장군이 부하를 지극히 사랑함을 비유적으로 이르는 말.

중국 전국 시대 초나라에 오기라는 장수가 있었다. 그는 매우 뛰어난 장수로 이름이 높았는데, 어느 날 한 병사가 종기로 고통을 받자 오기는 손수 그의 종기를 빨아 고름을 빼내 치료해 주었다.
이 모습을 본 병사들은 장군의 태도에 감동했고, 소문은 병사의 고향까지 이어졌다.
고향 사람들이 병사의 어머니에게 달려가 축하한다고 하자, 어머니는 울며 이렇게 말했다.
"작년에 내 남편이 오기 장군 밑에서 종군할 때 똑같이 고름을 빨아 주었소. 그러자 남편은 장군의 은혜를 갚겠다며 죽음을 무릅쓰고 싸우다가 그만 목숨을 잃고 말았소. 그런데 이번에는 아들이 그 은혜를 입었으니, 아들 역시 그렇게 싸우다가 죽을 것이오. 무엇이 좋단 말이오."

예문 연저지인을 갖춘 장수야말로 우리 국군의 자랑입니다.

仁 ノ 亻 亻 仁

어질 인

303

송양지인 宋襄之仁

송나라 **송**, 도울 **양**, 조사 **지**, 어질 **인**

| 송나라 양공의 어짊이란 뜻으로, 하찮은 인정을 이르는 말.

중국 춘추 시대에, 송나라 양공(襄公)이 초나라와 격돌할 때였다. 송나라 군사가 진을 치고 적의 공격에 대비하고 있을 무렵, 초나라 병사들은 그때서야 모이기 시작했다.
이 모습을 본 송나라 장수 목이가 양공에게, 적이 포진하기 전에 선제공격을 하자고 청하였다.
그러나 양공은 "상대가 미처 준비도 하기 전에 기습을 하는 것은 어진 군대가 하는 짓이 아니다." 하며 거부했다.
초나라 군대가 강을 건너 진을 치기 시작하자 다시 목이는 공격을 제안하였다. 그러나 양공은 다시 거절하였다.
이윽고 초나라 병사들이 전열을 가다듬자, 그때서야 공격 명령을 내렸다. 그러나 강대국 초나라의 적수가 되지 못한 송나라 군대는 크게 패하였고, 양공 역시 부상을 입은 후 후유증으로 목숨을 잃었다.
이때부터 송나라 양공의 어리석은 어짊을 비웃는 표현이 탄생했다.

예문 송양지인이 어리석어 보이지만, 눈앞의 이익보다 바른 도리를 떠올리는 태도도 한 번쯤은 생각해 볼 필요가 있어.

宋

송나라 송

304 요령부득 要領不得

구할 **요**, 목 **령**, 아니 **불**, 얻을 **득**

| 말이나 글, 사물의 핵심을 구할 수 없음.

요령부득은 말이나 글, 사건의 중심을 찾아내지 못하는 모습을 가리킨다.

요령(要領)에는 여러 가지 뜻이 있다.

「1」 가장 긴요하고 으뜸이 되는 골자나 줄거리.

「2」 일을 하는 데 꼭 필요한 묘한 이치.

「3」 적당히 해 넘기는 잔꾀.

어떤 뜻이건, 글이나 일의 중요한 핵심을 가리키는 것은 마찬가지다. 그래서 요령이 없는 사람은 일을 처리하는 능력이 부족할 수밖에 없다.

예문 그의 주장은 요령부득이라서 아무리 해도 이해하기가 어렵다.

要

구할 요

領

목 령

305 일모도원 日暮途遠

해 **일**, 저물 **모**, 길 **도**, 멀 **원**

> 날은 저물고 갈 길은 멀다는 뜻으로, 늙고 쇠약한데 앞으로 해야 할 일은 많음을 이르는 말.

춘추 시대에 초나라에서 모함을 받아 아버지와 형을 잃고 가까스로 오나라로 탈출한 오자서는, 부친과 형의 원수를 갚기 위해 절치부심하며 노력하였다.
결국 오자서는 오나라를 강대국으로 만든 후 초나라 공격에 나서 성공하였다.
초나라 도읍에 들어선 오자서는, 부친과 형을 죽인 평왕의 무덤을 파헤침으로써 원수를 갚고자 하였다.
이 모습을 본 초나라 출신 관리 신포서라는 이가 말을 전해왔다.
"그대의 복수가 너무 지나치다. 지금은 그대가 하늘을 이기는 듯보이나, 결국에는 하늘이 사람을 이길 것이다."
이 말을 들은 오자서가 대답하였다.
"당장 신포서에게 전하라. 날은 저물고 갈 길은 멀어 다른 방법을 생각할 겨를이 없다고 말이다."
그로부터 유래한 표현이다.

途

길 도

306 동병상련 同病相憐

같을 **동**, 질병 **병**, 서로 **상**, 불쌍히 여길 **련**

> 같은 병을 앓는 사람끼리 서로 가엾게 여긴다는 뜻으로, 어려운 처지에 있는 사람끼리 서로 위로하는 모습을 가리키는 말.

이 표현 역시 오자서와 관련이 있는 것이다.
오자서가 오나라에 망명했을 때 백비라는 인물 역시 오나라로 망명해 온다. 그러자 피리라는 대신이 오자서에게 말한다.
"백비는 믿을 만한 인물이 아닙니다. 가까이하지 않는 게 좋습니다."
그러나 오자서는 그의 말을 물리치며 말한다.
"나와 백비는 같은 병을 앓고 있는 처지요. 어찌 그를 믿지 못한단 말이오?"
하지만 피리의 예언은 적중하여, 훗날 오자서는 백비의 모함을 받아 목숨을 잃고 만다.
우리 속담에도 '과부 사정은 홀아비가 안다'라는 게 있는데, 그와 비슷한 표현이다.

예문 그와 나는 동병상련의 입장이다. 지금 나를 위해 힘을 써 줄 이는 그밖에 없다.

病

질병 **병**

病 病

307

주지육림 酒池肉林

술 **주**, 연못 **지**, 고기 **육**, 수풀 **림**

> 술로 연못을 이루고 고기로 숲을 이룬다는 뜻으로, 호사스러운 술잔치를 이르는 말.

은(殷)나라는 상(商)나라라고도 하는데, 중국에서 오늘날까지 고고학적 유물이 전하는 가장 오래된 나라이다.
은나라는 후에 주(周) 부족에게 멸망당하고 주(周)나라로 이어지는데, 마지막 왕이 주지육림에 빠져 정사를 소홀히 한 주(紂)왕이었다.
그 외에 술로 채운 연못과 고기로 만든 숲에서 놀며 나라를 멸망시킨 왕은 또 있으니, 은나라에 앞서 존재했다고 전하는 하(夏)나라 마지막 왕 걸(傑)이었다. 걸은 인공 연못과 숲을 만든 후 그곳에서 즐기다 나라를 잃은 것으로 전한다. 주지육림은 걸왕이 못을 파 술을 채우고, 숲의 나뭇가지에 고기를 걸어 잔치를 즐겼던 일에서 유래한다.

예문 나라가 망할 때는 주지육림에 빠져 정사를 소홀히 하는 임금이 등장하기 마련이다.

肉

고기 육

林

수풀 림

308

배반낭자 杯盤狼藉

잔 **배**, 소반 **반**, 어지러울 **낭**, 깔 **자**

| 술잔과 안주 그릇이 이곳저곳에 어지러이 깔려 있는 모습.

주지육림과 비슷한 표현으로, 밤새워 술을 마시며 노는 모습을 가리킨다.
《사기》 가운데 재미있는 이야기만 모아 놓은 〈골계열전〉에 나오는 이야기에서 탄생한 표현이다.

참고표현

장야지음(長夜之飮) : 밤을 세워 술을 마심.
고성방가(高聲放歌) : 거리에서 큰소리를 지르거나 노래를 부르는 모습을 가리킨다.

예문 경찰이 그곳에 들어섰을 때 눈에 들어온 것은, 배반낭자한 채 정신을 잃고 있는 범죄자들 모습이었다.

聲

소리 성

309 안하무인 眼下無人

눈 **안**, 아래 **하**, 없을 **무**, 사람 **인**

> 눈 아래에 사람이 없다는 뜻으로, 방자하고 교만하여 다른 사람을 업신여김을 이르는 말.

안하무인과 같은 행동을 하는 사람은 의외로 많다.
그 중에서도 가장 좋지 못한 사람이 있다.

비슷한말

방약무인(傍若無人) : 곁에 사람이 없는 것처럼 아무 거리낌 없이 함부로 말하고 행동하는 태도가 있음.

오만방자(傲慢放恣) : 어려워하거나 조심스러워하는 태도가 없이 건방지거나 거만함.

참고표현

전거후공(前倨後恭) : 처음에는 거만하나, 나중에는 공손히 대함. 상대방의 지위 변화에 따라 상대방을 대하는 태도가 변하는 모습을 가리킨다.

下

아래 하

前

앞 전

310

기고만장 氣高萬丈

기운 **기**, 높을 **고**, 일만 **만**, 길이 **장**

일이 뜻대로 잘될 때, 우쭐하여 뽐내는 기세가 대단함.

앞서 살펴본 안하무인이나 오만방자와는 약간 다른 표현이지만, 드러나는 태도는 비슷한 표현이다.
기운이 만 길만큼이나 높이 솟구치는 모습을 가리킨다.

비슷한말

의기양양(意氣揚揚) : 뜻한 바를 이루어 만족한 마음이 얼굴에 나타난 모양.

반대말

의기소침(意氣銷沈) : 기운이 없어지고 풀이 죽음.

예문 작은 성과를 거두었다고 기고만장한 태도라니, 눈 뜨고는 못 봐주겠더군.

氣

기운 **기**

意

뜻 **의**

311

두주불사 斗酒不辭

말 **두**, 술 **주**, 아니 **불**, 사양할 **사**

말술도 사양하지 않는다는 뜻으로, 술을 매우 잘 마심을 이르는 말.

유방과 항우가 싸울 무렵, 홍문에서 두 편의 장수들이 모임을 갖게 되었다. 이때 항우의 부하들은 유방을 없애기로 모의를 끝낸 상태였다. 그리하여 두 사람이 술을 마시는 자리에 칼춤을 춘다는 명목으로 항우의 부하가 칼을 들고 나타났다.

그때, 번쾌라는 유방의 부하가 나타나 큰소리로 외친다.

"우리 유방 어른께서는 가장 높은 자리를 양보하셨소. 그런데 이렇게 위협을 가하다니요!"

이에 깜짝 놀란 항우가 번쾌에게 말한다.

"너는 누구인데 술자리에 갑자기 들이닥치는 것이냐?"

"나는 번쾌라고 합니다."

그의 용기를 가상히 여긴 항우가 말했다.

"참으로 장수라 할 만하다. 이 자에게 술과 고기를 주거라."

번쾌가 다 마시자 "더 마시겠는가?" 하고 항우가 물었다. 이에 번쾌가 이렇게 답하였다.

"죽음도 두려워하지 않는 제가 어찌 몇 말의 술을 사양하겠습니까?"

이로부터 두주불사라는 말이 유래하였다.

酒

술 주

312 **백락일고** 伯樂一顧

만 **백**, 즐길 **락**, 한 **일**, 돌아다볼 **고**

> 백락이 한 번 관심을 가짐으로써 가치가 올라간다는 뜻으로, 신용이 높은 인물이 관심을 가지면 그 행동만으로도 가치가 올라감을 이르는 말.

전국 시대에 활동한 백락은 말을 잘 보는 명인이었다.
언젠가 자신의 말을 팔고자 하는 사람이 있었지만 누구도 그의 말에 관심을 갖지 않았다.
이에 말 주인은 백락을 찾아가 이렇게 말했다.
"내 말을 한번 돌아보시기만 하면 사례를 해드리겠습니다."
그 말을 들은 백락이 그의 말을 돌아가며 유심히 살펴보았다.
그러자 사람들이 몰려와 그 말은 금세 팔려나갔다는 데서 유래한 표현이다.

예문 그 화가가 와서 내 그림을 살펴보고 나자 백락일고라는 말처럼 갑자기 많은 관객이 몰려들더라고.

樂

즐길 락

313 경거망동 輕擧妄動

가벼울 **경**, 일어날 **거**, 망령될 **망**, 움직일 **동**

경솔하여 생각 없이 망령되게 행동함.

함부로 행동하는 까닭에 믿음을 주지 못하는 경우 사용하는 표현이다.

비슷한말

경조부박(輕佻浮薄) : 말하고 행동하는 것이 신중하지 못하고 가벼움. 일반적으로 사용하는 '경박(輕薄)하다-언행이 신중하지 못하고 가볍다'라는 표현의 본디말이다.

예문 작은 성공을 거두었다고 경거망동하지 마라. 세상 일은 새옹지마라는 표현도 있지 않느냐.

擧

일어날 거

動

움직일 동

314 도불습유 道不拾遺

길 **도**, 아니 **불**, 주울 **습**, 남길 **유**

> 길에 떨어진 물건을 주워 가지지 않는다는 뜻으로, 형벌이 준엄하여 백성이 법을 어기지 아니하거나 민심이 순후함을 비유하여 이르는 말.

법을 통한 통치를 시작하자, 법을 두려워한 나머지 길에 물건이 떨어져도 아무도 주워 가지 않았다는 데서 유래한 표현이다. 고대 중국의 다양한 학설 가운데 법가 사상이 있었다. 인(仁)을 중시한 유가 사상과는 달리 법의 엄정한 집행을 통해 나라를 다스려야 한다고 여긴 학설이었는데, 대표적인 인물이《한비자》라는 책을 집필한 한비자, 그리고 진(秦)나라를 천하통일의 기틀 위에 세운 상앙, 진시황을 도와 천하통일을 이룬 이사 등이 모두 법가 사상가였다. 법가 사상가가 나라를 다스릴 때 나타나는 현상을 가리키는 표현이다.

예문 오늘날 대한민국은 치안이 매우 안정되어 도불습유의 습속이 널리 퍼져 있다.

遺

남길 **유**

315 미생지신 尾生之信

꼬리 **미**, 날 **생**, 조사 **지**, 믿을 **신**

> 미생의 믿음이라는 뜻으로, 우직하여 융통성이 없이 약속만을 굳게 지킴을 비유적으로 이르는 말.

중국 춘추 시대에 대단히 우직한 미생(尾生)이라는 자가 있었다.
그는 우직한 나머지 융통성이 전혀 없었는데, 언젠가 다리 밑에서 여자와 만나자는 약속을 하였다. 그날 다리 밑으로 가서 여자를 기다리는 중에 갑자기 폭우가 와 물이 넘치기 시작했다.
이에 여자는 약속 장소에 나오지 못했다.
그러나 그는 약속을 지키겠다는 신념으로, 다리 밑 자리를 꿋꿋이 지킨 나머지 물에 떠밀려가 익사하고 말았다.
이 이야기로부터 유래한 표현이 미생지신(尾生之信)이다.

예문 지금 그들과의 약속을 지키는 것은 미생지신에 불과합니다. 시장이 이렇게 변했는데, 그런 신의에만 매달리다가는 낙오되고 말 것입니다.

尾

꼬리 **미**

信

믿을 **신**

316 감탄고토 甘呑苦吐

달 감, 삼킬 탄, 쓸 고, 토할 토

> 달면 삼키고 쓰면 뱉는다는 뜻으로, 자신의 뜻에 따라서 사리의 옳고 그름을 판단함을 이르는 말.

우리 속담에 '달면 삼키고 쓰면 뱉는다'라는 게 있는데, 그의 한자 표현이다.
세상 인심을 잘 나타내는 표현인데, 이와 비슷한 표현은 또 있다.

비슷한말

염량세태(炎涼世態) : 세력이 있을 때는 아첨하여 따르고, 세력이 없어지면 푸대접하는 세상인심을 비유적으로 이르는 말.
득어망전(得魚忘筌) : 물고기를 잡으면 통발을 잊는다는 뜻으로, 바라던 바를 이루고 나면 이를 이루기 위하여 했던 일들을 잊어버림을 이르는 말.《장자》에 나오는 말이다.

예문 아무리 세상 인심이 사납다고 해도 인간으로서 감탄고토 따위 행동을 해서는 안 된다.

甘

달 감

苦

쓸 고

317 문전성시 門前成市

문 **문**, 앞 **전**, 이룰 **성**, 시장 **시**

찾아오는 사람이 많아 집 문 앞이 시장을 이루다시피 함을 이르는 말.

힘 있고, 권세 있는 사람의 집 앞은 늘 그를 만나고자 하는 사람들로 시장을 이루는 것은 수천 년 전 중국이나 21세기 대한민국이나 다르지 않다.

그렇다면 힘 없는 사람의 집앞은 어떨까?

반대말

문전작라(門前雀羅) : 문 앞에 참새 그물을 친다는 뜻으로, 권력이나 재물을 잃으면 찾아오는 사람이 드물어짐을 이르는 말.

예문 국무총리 자리에 오르자마자 그의 집앞은 문전성시를 이루기 시작했다.

門

문 문

市

시장 **시**

318 문전걸식 門前乞食

문 **문**, 앞 **전**, 빌 **걸**, 먹을 **식**

| 이 집 저 집 돌아다니며 빌어먹음.

오늘날 집집마다 돌아다니며 밥을 구걸해 먹는 사람은 보기 힘들다. 하지만 수십 년 전만 해도 대한민국에서 구걸해 먹고사는 사람을 심심치 않게 볼 수 있었다. 하물며 수천 년 전이야 말할 것도 없었을 것이다.

비슷한말

유리걸식(流離乞食) : 정처 없이 떠돌아다니며 빌어먹음.

예문 형 놀보의 집에서 쫓겨난 흥보는 어쩔 수 없이 이집 저집을 다니며 문전걸식을 할 수밖에 없었다.

前

앞 **전**

食

먹을 **식**

319

문외한 門外漢

문 **문**, 바깥 **외**, 사나이 **한**

> 어떤 일에 전문적인 지식이 없는 사람, 어떤 일이나 사건, 집단과 직접 관계가 없는 사람을 두루 일컫는 말.

문(門)은 '드나드는 문'을 가리키는 글자이지만, 뜻이 확대되어 '집안, 같은 스승 밑에서 공부한 동문, 방법, 종류' 등 다양한 뜻을 갖는다. 문외한에서는 문(門)이 '동문이나 방법'의 뜻으로 쓰여, '방법 바깥에 있는 사람, 또는 집단 바깥에 있는 사람'을 가리킨다.

참고표현

문하(門下) : 가르침을 받는 스승의 아래.

동문수학(同門修學) : 한 스승 밑에서 함께 학문을 닦음.

예문 나는 그 분야에 대해서는 완전히 문외한이야.

漢

한나라 **한**

學

배울 **학**

320 극기복례 克己復禮

이길 **극**, 나 **기**, 돌아올 **복**, 예의 **례**

자기 자신의 욕망 따위를 누르고 예의범절을 따름.

공자의 말을 기록한《논어》에 나오는 표현이다.
제자 안회가 공자에게 물었다.
"인(仁)이란 무엇입니까?"
이에 공자가 대답하였다.
"자기 스스로를 이겨내, 예의를 갖추는 것이 인이니라."

참고표현

덕불고필유린(德不孤必有隣) : 덕이 있는 사람은 외롭지 않으며 반드시 이웃이 있다는 뜻으로, 남에게 덕을 베풀며 사는 사람은 언젠가는 반드시 세상에서 인정을 받게 됨을 이르는 말.
이 표현 역시《논어》에 나오는 말이다.

예문 그는 높은 자리에 있으면서도 극기복례의 자세로 모든 사람들을 대해 찬사를 받았다.

克

이길 극

己

자기 **기**

321 개과천선 改過遷善

고칠 **개**, 틀릴 **과**, 옮길 **천**, 착할 **선**

| 지난날의 잘못이나 허물을 고쳐 올바르고 착하게 됨.

과(過)는 '지나가다, 통과하다, 넘치다' 같은 뜻 외에 '잘못하다, 실수하다'라는 뜻을 갖는다.

참고표현

자과부지(自過不知) : 자기 허물을 자기가 알지 못함.

과공비례(過恭非禮) : 지나치게 공손하면 오히려 예의에 어긋난다는 뜻으로, 공손함도 도가 지나치면 오히려 상대방에게 무례를 저지르는 것임을 이르는 말. 《논어》에 나오는 말이다.

과즉물탄개(過則勿憚改) : 잘못임을 깨달았다면 고치기를 꺼리지 말라는 말. 역시 《논어》에 나오는 표현이다.

예문 지금 그는 개과천선하여 이웃들을 도우며 성실히 살아가고 있다.

改

고칠 **개**

禮

예도 **예**

322

욕속부달 欲速不達

하고자 할 **욕**, 빠를 **속**, 아니 **불**, 미칠 **달**

| 일을 빨리하려고 하면 도리어 이루지 못함.

우리 속담에 '아무리 바빠도 바늘허리 매어 못 쓴다'는 말이 있는데, 이 경우를 가리킨다고 하겠다.

욕(欲)은 '하고자 할 욕, 바랄 욕' 같은 뜻을 갖는다. 반면에 생김새와 뜻이 비슷한 욕(慾)은 '욕심, 욕정'을 뜻한다.

의욕(意欲-무엇을 하고자 하는 적극적인 마음이나 욕망), 욕구(欲求, 慾求-무엇을 얻거나 무슨 일을 하고자 바라는 일) 욕심(慾心, 欲心-분수에 넘치게 무엇을 탐내거나 누리고자 하는 마음) 등에 쓰는데, 둘을 가리지 않고 쓰기도 한다.

예문 무조건 서두른다고 일을 성사시킬 수는 없다. 욕속부달이라는 말처럼 차근차근 밟아나가는 것이 더 나은 방법일지 모른다.

慾

욕심 **욕**

達

미칠 **달**

323

청출어람 靑出於藍

푸를 **청**, 날 **출**, 조사 **어**, 쪽 **람**

> 쪽에서 뽑아낸 푸른 물감이 쪽보다 더 푸르다는 뜻으로, 제자나 후배가 스승이나 선배보다 나음을 비유적으로 이르는 말.

《순자(荀子)》〈권학편(勸學篇)〉에 나오는 말이다.

'쪽'은 한해살이풀로, 잎에서 푸른색 염료를 만든다. 그런데 쪽으로 만든 푸른색 염료가 쪽보다 더 푸른빛을 띠는 데서 유래한 표현이다.

비슷한말

후생가외(後生可畏) : 젊은 후학들을 오히려 두려워해야 한다는 뜻으로, 후진들이 선배들보다 젊고 기력이 좋아, 학문을 닦음에 따라 큰 인물이 될 수 있으므로 가히 두렵다는 말. 《논어》에 나오는 말이다.

예문 내 아래에서 배운 네가 노벨상을 받다니, 청출어람이라는 말이 딱 들어맞는구나.

於

조사 **어**

畏

두려워할 **외**

324

타산지석 他山之石

다를 **타**, 산 **산**, 조사 **지**, 돌 **석**

> 남의 산의 돌이라는 뜻으로, 남의 하찮은 말이나 행동도 자신을 수양하는 데에 도움이 될 수 있음을 비유적으로 이르는 말.

《시경》〈소아(小雅)〉에 나오는 말이다. 다른 산의 나쁜 돌이라도 자기 산의 옥돌을 가는 데에 쓸모가 있으니, 하찮아 보이는 것에서도 얻을 게 있다는 뜻으로 쓰인다.

참고표현

삼인행 필유아사(三人行必有我師) : 세 사람이 함께 길을 가면, 그 가운데 반드시 나의 스승이 될 만한 사람이 있음.
《논어》에 나오는 표현으로, 실제 뜻을 살펴보면, 세상 모든 사람에게는 배울 만한 점이 있다는 말이다.

예문 나의 실패를 타산지석으로 삼아서, 너는 절대 같은 잘못을 저지르지 않기를 바란다.

他

다를 **타**

必

반드시 **필**

325

전거복철 前車覆轍

앞 **전**, 수레 **거**, 뒤집힐 **복**, 바퀴자국 **철**

> 앞에 간 수레가 뒤집힌 바퀴 자국이라는 뜻으로, 앞의 실패를 본보기 삼아 주의함을 이르는 말.

실생활에서 자주 쓰는 전철(前轍-앞에 지나간 수레바퀴의 자국이라는 뜻으로, 이전 사람의 그릇된 일이나 행동의 자취를 이르는 말)의 본딧말이다. 중국에서는 오래 전부터 수레를 가장 중요한 운송수단으로 사용하였다. 그래서 수레를 이용한 고사성어가 적지 않다.
위 표현은 수레가 뒤집히면서 남긴 자국을 통해, 다른 사람의 실패를 거울로 삼을 수 있다는 뜻이다.

비슷한말

반면교사(反面敎師) : 사람이나 사물 따위의 부정적인 면에서 얻는 깨달음이나 가르침을 주는 대상을 이르는 말.

예문 너는 절대 그 친구의 전철을 밟지 말거라.

車

수레 **거**

敎

가르칠 **교**

326 불치하문 不恥下問

아니 **불**, 부끄러울 **치**, 아래 **하**, 물을 **문**

> 손아랫사람, 또는 지위나 학식이 자기만 못한 사람에게 모르는 것을 묻는 일을 부끄러워하지 아니함.

배우는 이에게 가장 필요한 것은 열심히 공부하는 행동 외에 누구에게나 배우려는 의지일 것이다.
이 표현은 바로 그런 뜻을 가리킨다.
치(恥)는 '부끄러움, 부끄러워하다' 같은 뜻을 갖는데, 앞서 살펴본 후안무치(厚顔無恥-뻔뻔스러워 부끄러움이 없음), 파렴치(破廉恥-염치를 모르고 뻔뻔스러움) 등에 쓴다.

예문 불치하문이라는 말도 모르느냐? 아랫사람에게 배우는 것을 부끄러워해서는 결코 큰 인물이 될 수 없다.

恥

부끄러울 **치**

顔

얼굴 **안**

327

양약고어구 良藥苦於口

좋을 양, 약 약, 쓸 고, 조사 어, 입 구

> 좋은 약은 입에 쓰다는 뜻으로, 내게 좋은 말은 귀에 거슬리나 자신에게 이롭다는 뜻.

우리 속담에도 '좋은 말은 입에 쓰다'라는 표현이 있다.
양약고구(良藥苦口)라고 해도 같은 말이다.

비슷한말

충언역어이(忠言逆於耳) : 충직한 말은 귀에 거슬림.
충언역이(忠言逆耳)도 같은 뜻이다.
양약고어구와 같은 뜻으로, 쓰고 거슬리는 것들이 몸과 마음에 좋을 뿐, 듣기 좋고 먹기 좋은 것들은 몸과 마음에 해를 끼친다는 뜻이다.

예문 양약고어구라고 하니, 네 귀에 거슬리는 말을 해 주는 사람들에게 오히려 감사해야 한다.

良

좋을 양

忠

충성 충

328 마이동풍 馬耳東風

말 **마**, 귀 **이**, 동녘 **동**, 바람 **풍**

> 동풍이 말의 귀를 스쳐 간다는 뜻으로, 남의 말을 귀담아듣지 아니하고 지나쳐 흘려버림을 이르는 말.

누군가가 약석지언(藥石之言)과 같은 좋은 말과 충고를 해 주어도, 귀담아듣지 않고 흘려버리면 만사휴의(萬事休矣)라는 뜻이다.

참고표현

약석지언(藥石之言) : 약으로 병을 고치는 것처럼, 남의 잘못된 행동을 훈계하여 그것을 고치는 데에 도움이 되는 말.

만사휴의(萬事休矣) : 모든 것이 헛수고로 돌아감을 이르는 말.

만사형통(萬事亨通) : 모든 것이 뜻대로 잘됨.

만사여의(萬事如意) : 모든 일이 뜻과 같이 잘됨.

예문 그는 우리가 무슨 말을 해 주어도 마이동풍으로 행동한다니까.

東

동녘 동

藥

약 약

329 온고지신 溫故知新

배울 온, 옛 고, 알 지, 새 신

| 옛것을 익히고 그것을 미루어서 새것을 앎.

《논어》에 나오는 공자의 말이다.

공자가 말한 내용은 다음과 같다.

'온고이지신(溫故而知新) 가이위사의(可以爲師矣)'. 즉, '옛것을 다시 배워 새로운 것을 깨닫는다면, 다른 사람의 스승이 될 수 있다.'

온(溫)은 '따뜻함'을 뜻하는 글자인데, 여기서는 '배우다, 복습하다'라는 뜻으로 쓰였다.

참고표현

온고지정(溫故之情) : 옛일을 돌이켜 생각하고 그리는 마음이나 정.

법고창신(法古創新) : 옛 법을 새로운 것으로 거듭나게 함. 옛것을 바탕으로 새로운 것을 창조함을 가리키는 말.

예문 온고지신이니, 옛것에 대한 관심과 공부를 게을리 해서는 안 된다.

故

옛 고

330

격물치지 格物致知

바로잡을 **격**, 만물 **물**, 이를 **치**, 알 **지**

| 실제 사물의 이치를 연구하여 지식을 완전하게 함.

《대학》에 나오는 말이다.
격물치지(格物致知)는 일상생활에서 자주 사용하는 표현은 아니다.
하지만 책을 읽다 보면 세상의 이치를 구한다는 뜻으로 자주 등장한다.
세상의 사물이나 현상 속에 담겨 있는 궁극적인 이치를 탐구하여 온전한 지식을 이룬다는 뜻을 갖는다.
줄여서 격치(格致)라고도 쓴다.

예문 격물치지의 진리를 깨치기 위해서는 한시도 공부를 게을리 해서는 안 될 것이다.

格

바로잡을 **격**

物

만물 **물**

331

남상 濫觴

넘칠 **람**, 잔 **상**

> 양쯔강[揚子江] 같은 큰 하천의 근원도 잔을 띄울 만큼 가늘게 흐르는 시냇물이라는 뜻으로, 사물의 처음이나 기원을 이르는 말.

글자 뜻만 보면, '한 잔의 물'을 가리킨다. 즉, 거대한 강줄기도 그 출발은 한 잔의 물이라는 뜻이다.
사물의 기원을 가리키는 표현은 또 있다.

비슷한말

효시(嚆矢) : 어떤 사물이나 현상이 시작되어 나온 맨 처음을 비유적으로 이르는 말.《장자》〈재유편(在宥篇)〉에 나오는 말로, 전쟁을 시작할 때 소리가 나는 화살을 먼저 쐈았다는 데에서 유래한다.
비조(鼻祖)
「1」 한 겨레나 가계의 맨 처음이 되는 조상.
「2」 어떤 학문이나 기술 따위를 처음으로 연 사람.
「3」 나중 것의 바탕이 된 맨 처음의 것.

祖

조상 조

332

전대미문 前代未聞

앞 **전**, 시대 **대**, 아닐 **미**, 들을 **문**

| 이제까지 들어 본 적이 없음.

처음 겪는 사건이나 사물, 일 들을 가리키는 표현이다.
이와 비슷한 표현은 여러 종류가 있다.

비슷한말

미증유(未曾有) : 지금까지 한 번도 존재한 적이 없음.
전무후무(前無後無) : 이전에도 없었고 앞으로도 없음.
공전절후(空前絶後) : 이전에도 없었고 앞으로도 없음.
전인미답(前人未踏) : 이제까지 그 누구도 가 본 적 없음.

예문 전대미문의 사태를 맞아 온 나라는 혼란에 빠지고 말았다.

代 丿 亻 仁 代 代

시대 **대**

絶 ㇀ 幺 幺 糸 糸 糸 糹 紣 紹 絈 絶 絶

끊을 **절**

333

살신성인 殺身成仁

죽일 **살**, 몸 **신**, 이룰 **성**, 어질 **인**

자기의 몸을 희생하여 인(仁)을 이룸.

《논어》에 나오는 말이다.
공자의 가르침 가운데 가장 핵심은 인(仁), 즉 어짊이었다.
그래서 이런 표현까지 등장하기에 이른다. 그만큼 인(仁)을
중시했다고 하겠다.

참고표현

인자무적(仁者無敵) : 어진 사람은 남에게 덕을 베풂으로써 모든
사람의 사랑을 받기에 세상에 적이 없음. 《맹자》에 나오는 표현이다.

예문 공무원이라면 살신성인의 자세로 국민을 위해 일해야 한다.

殺

죽일 **살**

身

몸 **신**

334

양금택목 良禽擇木

어질 **양**, 새 **금**, 가릴 **택**, 나무 **목**

> 좋은 새는 나무를 가려서 깃들인다는 뜻으로, 훌륭한 사람은 좋은 군주를 가려서 섬김을 비유적으로 이르는 말.

공자가 위(衛)나라에 머물고 있을 때였다. 위나라의 고위 대신이 찾아와 싸움에서 이기는 방법에 대해 물었다. 이에 공자는 이렇게 답했다.

"저는 예의를 지키는 일에 대해서는 알려드릴 내용이 있습니다만, 싸움에 대해서는 드릴 말씀이 없습니다."

그런 후 제자들에게 위나라를 떠나자고 말했다. 이에 제자 하나가 물었다.

"높은 사람이 찾아와 자문을 구했는데, 왜 떠나려고 하시는지요?"

"어진 새는 나무를 가려서 둥지를 트는 법이다. 현명한 신하 역시 훌륭한 군주를 가려 모셔야 한다."

예문 양금택목이라는 말이 있듯이 아무 회사나 입사하는 게 능사가 아니야. 삶의 출발점인데, 네게 어울리는 회사를 가려 들어가야 할 것이다.

擇

가릴 **택**

335

맹모삼천지교 孟母三遷之敎

맏 **맹**, 어머니 **모**, 석 **삼**, 옮길 **천**, 조사 **지**, 가르칠 **교**

> 맹자의 어머니가 아들을 가르치기 위하여 세 번이나 이사를 하였음을 이르는 말.

맹자가 어렸을 때 묘지 가까이 살 무렵 장사 지내는 흉내를 내며 놀았다. 이에 맹자 어머니는 시장 근처로 이사를 갔다. 그러자 이번에는 물건을 사고파는 흉내를 내며 놀았다. 어머니는 다시 서당이 있는 곳으로 이사를 갔다. 그러자 이번에는 공부를 하며 놀았다. 맹자 어머니의 가르침은 유명한데, 오늘날 어머니 같으면 시장이나 방송국 곁으로 이사를 갔을 듯하다.

비슷한말

단기지계(斷機之戒) : 학문을 중도에서 그만두면, 짜던 베를 자르는 것처럼 아무 쓸모 없음을 경계한 말. 《후한서》〈열녀전(列女傳)〉에 나오는 것으로, 맹자가 공부 도중에 집에 돌아오자, 그의 어머니가 짜던 베를 끊어 그를 훈계하였다는 데서 유래한다.

예문 오늘날 대한민국 어머니들 가운데는 그릇된 맹모삼천지교를 실천에 옮기는 분들이 너무 많다.

母

어머니 모

336

호연지기 浩然之氣

넓을 **호**, 그럴 **연**, 조사 **지**, 기운 **기**

| 하늘과 땅 사이에 가득 찬 넓고 큰 원기.

훌륭한 어머니 밑에서 자란 맹자가 강조한 가르침인데, 자세한 내용이 《맹자》에 나온다.

"호연지기란 기운은 지극히 크고 강하며 바르게 길러, 해가 없으며 천지간에 가득 차게 된다. 그 기운은 의리와 도에 걸맞고, 이것이 없으면 굶주리게 된다. 이 기운은 마음속에 의로움을 모아 길러지는 것으로, 밖에서 의를 주워 얻을 수 있는 것이 아니다."

맹자가 공손추라는 선비와 나눈 대화 중에 나오는 대목이다.

예문 우리 학교 교훈은 호연지기야. 젊은이라면 당연히 키워야 할 정신이거든.

浩

넓을 호

然

그러할 **연**

337

이용후생 利用厚生

이로울 **이**, 쓸 **용**, 두터울 **후**, 날 **생**

> 사람들이 사용하는 기구를 편리하게 만들고, 먹을 것과 입을 것을 넉넉하게 하여, 국민의 생활을 나아지게 함.

사서삼경 가운데 하나인《서경》에 나오는 표현이다.
훗날 이용후생이라는 철학은 조선의 실학자인 박지원, 박제가, 홍대용 등에게 전수되어 이용후생학파를 형성하기에 이른다.
이들은 상공업과 생산 기구, 기술 발전에 힘을 쏟아 중상학파(重商學派)라고도 하며, 북쪽 청나라의 신문물을 통해 개혁하자는 의견을 제시해 북학파라고도 한다.

예문 이용후생에 적절한 실질적인 정책이야말로 오늘날 우리에게 필요한 철학이라고 하겠다.

厚

두터울 **후**

商

상업 **상**

338 지행합일 知行合一

알 **지**, 행할 **행**, 합할 **합**, 한 **일**

| 아는 것과 행동하는 것이 하나로 합쳐짐.

아는 것은 반드시 행동으로 옮길 때 가치가 있다는 뜻이다.
명나라의 유학자 왕양명(1472-1528)이 주장한 내용으로, 아는 것과 행동하는 것은 나눌 수 있는 것이 아니라 본래 하나라는 것이다.
이는 선지후행설(先知後行說-먼저 그 이치를 알고 난 뒤에 행해야 한다는 학설. 중국의 주자가 주장한 수양법으로, 도덕적 이치를 알기 전에는 이를 실천할 수 없음)을 주장한 주희의 가르침과는 결이 다른 것이었다.
왕양명은 양명학을 개척해 주자학을 변화시키는 데 큰 역할을 하였다.

예문 지행합일하는 사람이야말로 제대로 배운 사람이라고 할 수 있다.

行

행할 **행**

說

말씀 **설**

339

출사표 出師表

나아갈 **출**, 스승 **사**, 표 **표**

> 매우 중요한 일이나 행동에 나설 때 자신의 뜻을 세상에 알리기 위해 쓴 글.

본래는 중국 삼국 시대에, 촉나라의 재상 제갈량이 군사를 일으켜 출병하면서 뒤를 이을 왕에게 적어 올린 글에서 비롯하였다.
촉의 황제 유비가 사망하자, 제갈량은 촉나라를 부흥시키기 위해 유비의 아들 유선을 모신다.
그러면서 위나라 공격에 나서는데, 그때 유선에게 바친 글이 바로 출사표이다. 자신은 전쟁터에서 목숨을 잃을 것을 예상하고 황제에게 바치는 유서와도 같은 글이며, 천하의 명문장으로 이름이 높다.

참고표현

존망지추(存亡之秋) : 존속과 멸망, 또는 생존과 사망이 결정되는 아주 절박한 경우나 시기.
출사표에 나오는 표현이다.

예문 이번 선거에 출사표를 던진 인물들이 내 주위에만도 상당히 많다.

師

스승 사

340

삼고초려 三顧草廬

석 삼, 돌아볼 고, 풀 초, 오두막집 려

> 초가집에 세 번이나 찾아간다는 뜻으로, 인재를 맞아들이기 위하여 참을성 있게 노력함을 비유적으로 이르는 말.

촉한을 세운 유비에게 서서라는 이가 제갈량을 추천한다. 이에 유비는 제갈량을 데리고 오라고 말한다. 하지만 서서는 이렇게 말한다.
"그분을 만나 볼 수는 있겠지만, 부르기는 어려울 것입니다. 직접 가서 만나 보십시오."
할 수 없이 유비는 제갈량의 초라한 초가집으로 그를 만나러 간다.
하지만 집에 없었다. 그 후 다시 찾았으나 역시 만날 수 없었다. 마침내 세 번째 찾아갔을 때 제갈량은 유비의 정성에 감동해 그를 맞은 후, 유비를 위해 일하게 된다.

비슷한말

토포악발(吐哺握發) : 민심을 듣고 인재를 맞이하기 위해 잠시도 편안함을 추구하지 않음을 이르는 말. 고대 중국 주나라 건국에 앞장선 주공이, 식사 때나 목욕할 때 손님이 오면 먹던 음식을 뱉고, 감고 있던 머리를 거머쥐고 영접하였다는 데서 유래한다.

顧

돌아볼 고

341

읍참마속 泣斬馬謖

울 **읍**, 벨 **참**, 말 **마**, 일어날 **속**

> 울면서 마속의 목을 벤다는 뜻으로, 큰 목적을 위하여 자기가 아끼는 사람을 버림을 이르는 말.

제갈량이 위나라를 공격할 무렵, 위나라 황제 조조는 사마의를 보내 방어토록 하였다. 이에 제갈량은 다른 장수를 내보내고자 하였으나, 제갈량이 아끼는 마속이 자원하고 나섰다. 제갈량은, 마속은 사마의를 이기기 힘들다고 여겼으나, 그가 끝까지 나아가 싸우겠다고 하자 결국에는 허락하고 만다. 하지만 자신이 지시하는 전략을 따르도록 명령을 내리는데, 마속은 이를 어기고 자기 방식대로 싸우다가 패하고 말았다.

마속이 패하고 돌아오자, 제갈량은 눈물을 머금고 마속의 목을 베어 군령의 엄중함을 나라 안에 알리게 된다.

예문 이번 인사에서는 읍참마속을 할 수밖에 없는 내 처지를 이해할 거라고 믿네.

泣

울 읍

馬

말 마

342

칠종칠금 七縱七擒

일곱 **칠**, 풀 **종**, 일곱 **칠**, 사로잡을 **금**

> 일곱 번 풀어 주고 일곱 번 사로잡는다는 뜻으로, 상대를 마음대로 잡았다 놓아 주었다 함을 이르는 말.

제갈량과 관련된 고사성어는 매우 많은데, 이 표현 역시 그 가운데 하나다.
제갈량이 남쪽을 공략하면서, 부족장 맹획(孟獲)을 일곱 번이나 사로잡았다가 일곱 번 놓아 주었다는 데서 유래하는 표현이다.

비슷한말

여반장(如反掌) : 손바닥을 뒤집는 것 같다는 뜻으로, 일이 매우 쉬움을 이르는 말.

예문 이번 대회는 우리 팀에게는 칠종칠금의 형세라고 할 수 있다. 그렇다고 방심은 절대 금물임을 기억하자.

七

일곱 칠

如

같을 여

343 괄목상대 刮目相對

비빌 **괄**, 눈 **목**, 서로 **상**, 대할 **대**

> 상대방의 학식이나 능력이 과거와는 다르게 크게 발전한 모습을 보고 깜짝 놀라, 눈을 비비고 상대편을 본다는 말.

칠종칠금(七縱七擒)하던 상대가 전혀 다른 사람이 되어 나타날 때 사용하는 표현이다.

《삼국지》에 나오는 이야기로, 능력이 부족했던 여몽이라는 인물이 손권의 제안에 따라 학문에 몰두하였다. 얼마 후 여몽의 친구이자 유비의 스승인 노숙이 찾아왔다가, 여몽의 변한 모습에 깜짝 놀랐다. 이에 여몽이 말했다.

"선비란 헤어진 지 사흘만 지나면 눈을 비비고 다시 바라보아야 할 만큼 달라지는 법이야."

비슷한말

일취월장(日就月將) : 날이 다르고 달이 다르게 자라고 발전함.

일진월보(日進月步) : 나날이 다달이 계속하여 진보·발전함.

예문 그 팀은 괄목상대해야 할 팀으로 거듭난 게 분명해.

對

대할 **대**

344 용의주도 用意周到

쓸 **용**, 뜻 **의**, 두루 **주**, 이를 **도**

| 꼼꼼히 마음을 써서 일에 빈틈이 없음.

어떤 일을 행함에 있어 어떤 실수도 없을 만큼 철저하고 완벽하게 행할 때 사용하는 표현이다.

비슷한말

주도면밀(周到綿密) : 주의가 두루 미쳐 자세하고 빈틈이 없음.

예문 아무리 우리 회사가 앞서 나간다고 해도, 계획을 세울 때는 용의주도해야 한다.

周

두루 주

到

이를 도

345

환골탈태 換骨奪胎

바꿀 **환**, 뼈 **골**, 빼앗길 **탈**, 아기 밸 **태**

> 뼈대를 바꾸어 끼고 태를 바꾸어 쓴다는 뜻으로, 옛 사람의 시문의 형식을 바꾸어서 그 짜임새와 수법이 먼저 것보다 잘되게 함을 이르는 말.

뼈를 바꾸고 탯줄을 바꿀 정도라면 전혀 새로운 사람이 되었다고 할 수 있다. 그만큼 새롭게 변화된 모습으로 나타나는 것을 가리키는 표현이다. 중국 남송의 승려 혜홍(惠洪)의 〈냉재야화(冷齋夜話)〉에 나오는 말이다.

참고표현

일신우일신(一新又一新) : 날이 갈수록 새로워짐.

반대말

구태의연(舊態依然) : 조금도 변하거나 발전한 데 없이 예전 모습 그대로임.

예문 나는 지금과는 달리 환골탈태해야만 성과를 거둘 수 있음을 깨달았다.

換

바꿀 환

346 맥수지탄 麥秀之嘆

보리 **맥**, 꽃 필 **수**, 조사 **지**, 탄식할 **탄**

> 보리가 꽃을 피운 것을 보고 한탄한다는 뜻으로, 고국의 멸망을 한탄함을 이르는 말.

은나라의 충신 기자(箕子)가, 나라가 망한 뒤에도 그 땅에서 보리만은 아무 일 없이 잘 자라는 모습을 보고 한탄하였다는 데서 유래한다. 기자는 은나라가 멸망한 후 동쪽으로 와 기자조선(箕子朝鮮)을 수립한 것으로 우리 역사에도 등장한다.

탄식에는 여러 종류가 있다.

참고표현

망양지탄(望洋之歎/望洋之嘆) : 큰 바다를 바라보며 하는 한탄이란 뜻으로, 어떤 일에 자기 자신의 힘이 미치지 못할 때에 하는 탄식을 이르는 말.
비육지탄(髀肉之嘆) : 자신의 재능을 발휘할 때를 얻지 못하여 헛되이 세월만 보내는 것을 한탄함을 이르는 말. 유비가 오랫동안 말을 타고 전쟁터에 나가지 못하여 넓적다리만 살찜을 한탄한 데서 유래한다.

秀

꽃 필 수

347 호접지몽 胡蝶之夢

오랑캐 **호**, 나비 **접**, 조사 **지**, 꿈 **몽**

| 나비에 관한 꿈이라는 뜻으로, 인생의 덧없음을 이르는 말.

중국의 장자(莊子)가 꿈에 호랑나비가 되어 훨훨 날아다니다가 깨어나서는, 자기가 꿈에 호랑나비가 되었던 것인지, 호랑나비가 꿈에 장자가 되었는지 모르겠다고 한 이야기에서 유래한다.《장자(莊子)》〈제물론(齊物論)〉에 나온다.

비슷한말

장주지몽(莊周之夢) : 장자의 본래 이름이 장주(莊周)이므로, 장자가 꾼 꿈을 가리킨다. 위에서 살펴본 호접지몽(胡蝶之夢)과 같은 뜻이다.

예문 인생은 호접지몽이라고 하지만, 그래도 사는 순간에는 최선을 다해야 한다.

胡

오랑캐 호

夢

꿈 몽

348

붕정만리 鵬程萬里

큰새 **붕**, 단위 **정**, 일만 **만**, 거리 **리**

> 큰 새가 만 리를 날아간다는 뜻으로, 끝이 없이 펼쳐지는 장래를 비유적으로 이르는 말.

붕새는 장자의 가르침을 적은 책《장자》에 나오는데, 날개 길이가 1,200킬로미터에 달하는 어마어마한 새이다.
한 번 날개를 펴면 하늘을 덮고, 한 번 날개를 퍼덕이면 3만 6천 킬로미터를 날아가며, 한 번 날면 반 년 동안 앉지 않는다고 한다.

예문 여러분의 졸업식을 맞아, 여러분 앞에 펼쳐질 붕정만리를 기원합니다.

鵬

큰새 **붕**

程

단위 **정**

349

만수무강 萬壽無疆

일만 **만**, 목숨 **수**, 없을 **무**, 지경 **강**

| 아무런 탈 없이 아주 오래 삶.

일만 년 동안 장수하는 데에 아무런 거리낌, 즉 질병도 없음을 가리키는 표현이다.

오래 사는 것은 인류의 꿈인 까닭에 이와 비슷한 표현은 여럿 있다.

비슷한말

무병장수(無病長壽) : 병 없이 건강하게 오래 삶.

수복강녕(壽福康寧) : 오래 살고 복을 누리며 건강하고 평안함.

반대말

수즉다욕(壽則多辱) : 오래 살수록 그만큼 욕됨이 많음을 이르는 말. 《장자》에 나오는 말이다.

康

편안할 **강**

則

법칙 **칙**, 곧 즉

350 무골호인 無骨好人

없을 **무**, 뼈 **골**, 좋을 **호**, 사람 **인**

> 뼈가 없이 좋기만 한 사람이라는 뜻으로, 줏대가 없이 두루뭉술하고 순하여 남의 비위를 다 맞추는 사람.

자신의 줏대나 철학은 없이 상대방이 원하는 대로 따라가는 모습을 가리킨다.

참고표현

포류지질(蒲柳之質) : 갯버들 같은 체질이라는 뜻으로, 갯버들의 나뭇잎이 가을이 되자마자 떨어지는 데서, 사람의 체질이 허약하거나 나이보다 일찍 노쇠함을 비유적으로 이르는 말.《세설신어》에 나오는 말이다.

예문 그는 무골호인이라 자기 주장도 없고, 권한도 없어. 그러니 기대할 것이 없다고.

好

좋을 호

質

바탕 질

351

인과응보 因果應報

원인 **인**, 결과 **과**, 응할 **응**, 갚을 **보**

> 전생에 지은 선한 행동과 악한 행동의 결과 현재의 행복과 불행이 있고, 현세에서의 선한 행동과 악한 행동의 결과에 따라 내세에서 행복과 불행이 결정된다는 뜻.

불교의 가르침 가운데 하나로, 모든 결과에는 그에 따른 원인이 있음을 나타낸다.
다음 표현 역시 부처의 가르침을 나타내는 표현이다.

참고표현

빈자일등(貧者一燈) : 가난한 사람이 바치는 하나의 등(燈)이라는 뜻으로, 물질의 많고 적음보다 정성이 중요함을 비유적으로 이르는 말. 왕이 부처에게 바친 백 개의 등은 밤사이에 다 꺼졌으나, 가난한 노파 난타(難陀)가 정성으로 바친 하나의 등은 꺼지지 않았다는 데서 유래한다.

예문 이번에 자네가 겪은 어려움은 모두 인과응보라고 받아들이게. 세상에 아무 대가 없이 이룰 수 있는 것은 없으니 말이야.

因

인할 인

果

결과 과

352 경자유전 耕者有田

밭갈 **경**, 사람 **자**, 있을 **유**, 밭 **전**

| 농사를 직접 짓는 사람이 농지를 소유해야 한다는 말.

농지 생산성의 극대화를 위하여 농민이 농지를 소유해야 한다는 말로, 우리나라 법에서도 경자유전의 원칙을 명기하고 있다.

전(田)은 '밭, 경작지' 등을 가리키는 글자인데, 일반적으로는 농사 짓는 논과 밭 모두를 가리킨다. 한편 논을 가리키는 답(畓)이라는 글자가 있는데, 이 글자는 본래 한자가 아니라 우리나라에서 만들어 사용하는 우리만의 한자다. 田(밭 전)+水(물 수)로 만들었는데, 뜻은 밭에 물을 부어 만든 땅이라는 말이다.

참고표현

남전북답(南田北畓) : 밭은 남쪽에 논은 북쪽에 있다는 뜻으로, 가지고 있는 논밭이 여기저기 흩어져 있음을 이르는 말.

예문 대한민국 헌법은 경자유전의 원칙에 따라 제정되었습니다.

耕

밭갈 경

353 만고풍상 萬古風霜

일만 **만**, 오래될 **고**, 바람 **풍**, 서리 **상**

> 일만 년 전부터 겪어 온 바람과 서리라는 뜻으로, 아주 오랜 세월 동안 겪어 온 많은 고생을 이르는 말.

오랜 세월에 걸쳐 겪은 고생을 이르는 표현이다.
만고(萬古)는 '매우 먼 옛날, 아주 오랜 세월 동안, 세상에 비길 데가 없음' 같은 다양한 뜻을 갖는다.

참고표현

만고불변(萬古不變) : 아주 오랜 세월 동안 변하지 아니함.

예문 우리 할머니께서는 젊은 시절부터 만고풍상을 겪으신 탓에 건강이 좋지 않으시다.

古

오래될 **고**

變

변할 **변**

354

분기충천 憤氣衝天

성낼 **분**, 기운 **기**, 찌를 **충**, 하늘 **천**

> 분한 마음이 하늘을 찌를 듯 격렬하게 북받쳐 오름.

대단히 화가 난 모습을 가리킨다.

분(憤)은 '성내다, 분하다' 같은 뜻을 갖는 글자로, 분노(憤怒-분개하여 몹시 성을 냄), 분패(憤敗-이길 수 있는 경기를 분하게 짐) 등에 쓴다.

비슷한말

분기탱천(憤氣撑天) : 분한 마음이 하늘을 찌를 듯 격렬하게 북받쳐 오름.

노발대발(怒發大發) : 몹시 노하여 펄펄 뛰며 성을 냄.

예문 아군 진영이 분기충천한 가운데 드디어 벌판 한복판에서 전투가 시작되었다.

憤

성낼 분

怒

성낼 노

355

앙천대소 仰天大笑

우러를 앙, 하늘 **천**, 큰 **대**, 웃을 **소**

> 터져 나오는 웃음을 참을 수 없거나, 어이가 없어서 하늘을 쳐다보고 크게 웃음.

하늘을 바라보며 크게 웃는 모습을 가리킨다. 이때 웃음은 참을 수 없을 만큼 큰 웃음일 수도 있고, 어이가 없어서 입을 크게 벌리고 웃는 웃음일 수도 있다.

참고표현

소이부답(笑而不答) : 그저 웃기만 하면서 답을 하지 않는다는 뜻으로, 난처한 질문에 대답하지 않고 슬며시 피함을 이르는 말.

예문 그의 어처구니없는 변명을 들은 우리 모두는 앙천대소할 수밖에 없었다.

大

큰 대

笑

웃을 소

356 망중한忙中閑

바쁠 **망**, 가운데 **중**, 한가할 **한**

| 바쁜 가운데 잠깐 얻어 낸 틈.

바쁠수록 쉬어가라는 말처럼, 바쁜 가운데 잠깐 취하는 휴식을 가리키는 표현이다.
한(閑)은 '한가하다, 조용하다' 같은 뜻을 갖는 글자로, 한가(閑暇-겨를이 생겨 여유가 있음), 한중록(閑中錄-장헌세자(사도세자)의 빈 혜경궁 홍씨가 지은 자전적 회고록) 등에 사용한다.

참고표현

공사다망(公私多忙) : 공적인 업무와 사적인 일이 모두 대단히 바쁨.

예문 지금 선생님께서는 망중한을 즐기고 계십니다. 조금 후에 다시 오시겠습니까?

閑

한가할 **한**

錄

기록할 **록**

357

수렴청정 垂簾聽政

드리울 **수**, 발 **렴**, 들을 **청**, 정사 **정**

> 발을 드리우고 정사에 대해 듣는다는 뜻으로, 임금이 어린 나이로 즉위하였을 때, 왕대비나 대왕대비가 이를 도와 정사를 돌보던 일.

왕대비가 신하를 접견할 때 그 앞에 발을 늘인 데서 유래한다.
렴(簾)은 대나무로 만든 '발'을 가리키는데, 가늘고 긴 대를 줄로 엮거나, 줄 따위를 여러 개 나란히 늘어뜨려 만든 물건으로, 주로 무엇을 가리는 데 쓴다.
왕이 너무 어린 나이에 즉위하여 정사를 살필 수 없을 때 그의 어머니나 할머니가 왕을 대신하여 정사를 돌보는 모습을 가리키는 표현이다.
우리 역사를 보더라도 수렴청정한다는 표현은 자주 등장한다.
수(垂)는 '드리운다'는 뜻으로, 수직선(垂直線) 등에 사용한다.

참고표현

솔선수범(率先垂範) : 남보다 앞장서서 행동해서 몸소 다른 사람의 본보기가 됨.

예문 조선에서는 모두 일곱 차례에 걸쳐 수렴청정이 이루어졌다.

政

정사 **정**

358

일진일퇴 一進一退

한 **일**, 나아갈 **진**, 한 **일**, 물러날 **퇴**

| 한 번 앞으로 나아갔다 한 번 뒤로 물러섰다 함.

일의 진행 상황이 제자리를 면치 못할 때, 또는 전쟁의 양상이 앞으로 나아가지도 못하고 뒤로 물러나지도 못한 상황에서 정체 상태를 유지할 때 사용하는 표현이다.

참고표현

소강상태(小康狀態) : 소란이나 분란, 혼란 따위가 그치고 조금 잠잠한 상태.

지지부진(遲遲不進) : 매우 더디어서 일 따위가 잘 진척되지 아니함.

예문 유엔군과 북한군은 북위 38도선을 사이에 두고 일진일퇴를 거듭하였다.

進

나아갈 **진**

退

물러날 **퇴**

359

만구성비 萬口成碑

일만 **만**, 입 **구**, 이룰 **성**, 돌기둥 **비**

> 많은 사람의 말이 비석을 이룬다는 뜻으로, 여러 사람의 칭찬은 송덕비를 세우는 것과 같음을 이르는 말.

한자 뜻을 보면, '만 명이 모여 입으로 비석을 세움'이다. 그만큼 많은 사람의 칭송을 받아, 명성이 오래도록 유지되는 모습을 가리킨다.

참고표현

진흥왕순수비(眞興王巡狩碑) : 신라 진흥왕이 지금의 한강 유역에서 동북 해안에 이르는 지대와 가야를 쳐서 영토를 넓힌 다음, 신하들과 변경(邊境)을 두루 살피며 돌아다닐 때에 세운 기념비. 현재 북한산비, 황초령비, 마운령비, 창녕비의 넷이 남아 있다.
순수(巡狩)는 '임금이 나라 안을 두루 살피며 돌아다니던 일'을 가리킨다.

예문 그는 살아생전 청백리로 선정을 베푼 까닭에 만구성비를 이룰 수 있었다.

碑

돌기둥 **비**

巡

돌 **순**

360

난상토의 爛商討議

빛날 **난**, 헤아릴 **상**, 꾸짖을 **토**, 의논할 **의**

> 충분히 의견을 나누어 토의함.

시끌벅적한 가운데 온갖 다양한 의견을 주고받는 모습을 가리키는 표현이다.
난(爛)은 '빛나다, 무르익다, 꽃이 많고 화려하다' 같은 뜻으로, 위 표현에서는 수많은 꽃이 서로 아름답다고 외친다는 뜻을 포함하고 있다.

비슷한말

난상공론(爛商公論) : 여러 사람이 모여서 충분히 의논함.

참고표현

휘황찬란(輝煌燦爛) : 광채가 나서 눈부시게 번쩍임.

예문 이틀에 걸친 난상토의 끝에 우리는 드디어 결론에 도달할 수 있었다.

討

꾸짖을 **토**

討 討

361

잠식 蠶食

누에 잠, 먹을 식

| 누에가 뽕잎을 먹듯이 점차 조금씩 모르는 사이에 침략하여 먹어 들어감.

누에가 뽕잎 먹는 모습을 본 분은 이 표현을 쉽게 이해할 수 있는 반면, 본 적 없는 분은 고개를 갸우뚱할 표현이다.
누에는 며칠에 걸쳐 뽕잎을 갉아 먹으며 허물을 벗고 자라는데, 보기만 해도 놀랄 만큼 작은 몸집으로 조용하면서도 무척 빠르게 먹어 치운다.
그 모습을 본떠 만든 표현이다.
본래는 초잠식지(稍蠶食之, 점점 초, 누에 잠, 먹을 식, 그 지)라는 표현인데, 줄여서 잠식(蠶食)으로 사용한다.

예문 자본 시장이 완전 개방되면서 국내 시장에 대한 외국 자본의 잠식이 우려되고 있다.

蟲

벌레 충

362

공중누각 空中樓閣

빌 **공**, 가운데 **중**, 다락 **루**, 집 **각**

> 공중에 떠 있는 누각이라는 뜻으로, 아무런 근거나 토대가 없는 사물이나 생각을 비유적으로 이르는 말.

허공에 누각을 짓는 것은 애초에 불가능한 일일 뿐 아니라 존재할 수 없는 것이다. 따라서 공중누각은 근거가 없는 생각이나 사물 등을 가리킨다.

비슷한말

신기루(蜃氣樓) : 대기 속에서 빛의 굴절 현상에 의하여 공중이나 땅 위에 무엇이 있는 것처럼 보이는 현상.

참고표현

사상누각(沙上樓閣) : 모래 위에 세운 누각이라는 뜻으로, 기초가 튼튼하지 못하여 오래 견디지 못할 일이나 물건을 이르는 말.

예문 그의 생각은 공중누각에 불과해. 현실적으로 이루어질 수 없는 망상이라고.

空

빌 공

閣

집 각

363

거두절미 去頭截尾

버릴 **거**, 머리 **두**, 끊을 **절**, 꼬리 **미**

> 머리와 꼬리를 잘라 버린다는 뜻으로, 어떤 일의 요점만 간단히 말하는 것을 비유적으로 이르는 말.

미(尾)는 '꼬리'라는 뜻으로, 용두사미(龍頭蛇尾), 미생지신(尾生之信) 등 다양한 표현에 등장한다.

참고표현

철두철미(徹頭徹尾) : 처음부터 끝까지 철저하게.

어두육미(魚頭肉尾) : 물고기는 머리 쪽이 맛이 있고, 짐승 고기는 꼬리 쪽이 맛이 있다는 말.

각설(却說) : 말이나 글 따위에서, 이제까지 다루던 내용을 그만두고 화제를 다른 쪽으로 돌림.

예문 거두절미하고 말한다면, 나는 그 일에 찬성하기 어렵다.

去

갈 거

頭

머리 두

364 일언반구 一言半句

한 **일**, 말씀 **언**, 절반 **반**, 구절 **구**

| 한 마디 말과 반 구절이라는 뜻으로, 아주 짧은 말을 이르는 말.

일반적으로 이 표현은 '일언반구 말이 없다'거나, '일언반구 반응이 없다'처럼 '일언반구 ~ 없다'의 형태로 사용한다.

참고표현

일언지하(一言之下) : 한 마디로 잘라 말함.

이 표현 역시 '일언지하에 거절하다'나, '일언지하에 잘라 말했다'처럼 부정적인 행동에 사용하는 게 일반적이다.

예문 그는 내 제안에는 일언반구 반응을 보이지 않더니, 형철이가 말하자 그 자리에서 환영하고 나섰다.

半

절반 **반**

句

구절 **구**

365

송구영신 送舊迎新

보내 **송**, 옛 **구**, 맞을 **영**, 새 **신**

묵은해를 보내고, 새해를 맞음.

한해를 보내고 새해를 맞을 때 온 세상에 널리 퍼지는 표현이다.

비슷한말

근하신년(謹賀新年) : 삼가 새해를 축하한다는 뜻으로, 새해의 복을 비는 인사말.

원단(元旦) : 설날 아침.

예문 시청자 여러분, 기쁜 마음으로 송구영신과 근하신년을 맞이하시길 바랍니다.

送

보낼 송

舊

옛 구

찾아보기